Die magische Kraft der Intuition

Linda Roethlisberger

Die magische Kraft der Intuition

Der inneren Stimme folgen

Bibliografische Information der Deutschen Bibliothek

Die Deutsche Bibliothek verzeichnet diese Publikation
in der Deutschen Nationalbibliografie; detaillierte bibliografische Daten
sind im Internet unter http://dnb.ddb.de abrufbar.

Textredaktion: Susanne Schneider
Umschlaggestaltung: Die Werkstatt München / Weiss · Zembsch, unter Verwendung eines
Motivs von Mauritius
Produktion: Ortrud Müller
Satz: Fotosatz Reinhard Amann, Aichstetten
Druck und Bindung: L.E.G.O. S.p.A., Vicenza, Italien
Printed in Germany

ISBN 3-7205-2688-7

Inhalt

Einführung

Zu allen Zeiten und in allen Kulturen hat es Menschen gegeben, die durch ihre besondere Begabung auffielen. Es waren Komponisten, Naturwissenschaftler, Propheten, Mystiker, Handleser – und nicht zuletzt Heiler und Medien. Sie alle waren Vermittler zwischen den Welten des Geistes und der Materie, ein Sprachrohr für das Göttliche. Sie nutzten ihren »sechsten und siebten Sinn« und arbeiteten mit ihren medialen Fähigkeiten, die ihnen in die Wiege gelegt worden waren oder die sie bewusst geschult oder entwickelt hatten. Eine solche Schulung war in alten Kulturen nur wenigen Eingeweihten zugänglich.

Heute ist die Entwicklung der medialen Kräfte erneut in den Mittelpunkt des Interesses gerückt. In unserer immer komplizierter werdenden Welt scheint mehr denn je ein ganzheitliches Erfassen von Menschen, Situationen, Ereignissen notwendig zu sein – und dies nicht nur für wenige Auserwählte. Etliche unserer Verhaltensmuster sind auf

Grund der heutigen Schnelllebigkeit überholt, wir können uns an den alten Mustern nicht mehr orientieren, doch die neuen bestehen noch nicht.

Wenn wir uns der Intuition öffnen, kann sie uns den Weg aus der Sackgasse weisen. Der bewusste Gebrauch der Wahrnehmung wird ungeahnte Dimensionen eröffnen und zu einer Fülle von neuen Einsichtsmöglichkeiten führen. Unsere Intuition wirkt sich auf alle Bereiche unseres Lebens aus: auf unser Denken, unser Fühlen, unser Glauben und dadurch auf unser Bewusstsein.

So leidet beispielsweise niemand zufällig an einer bestimmten Krankheit: Hinter jedem Symptom steht immer ein Schicksal – eine ganze Lebensgeschichte. Wir können unser ganzes Leben als sinnerfüllt betrachten, denn das Krankheitsbild bringt die Weisheit des Körpers dort zum Ausdruck, wo eine Lebensaufgabe noch nicht gesehen oder verstanden wird. Das heißt, dem Wachsamen dient die Krankheit als Wegweiser persönlicher Veränderungen – sie kann zu einem wertvollen Richtungsweiser für die Seele werden. Jeder kann sich ein grundsätzliches spirituelles Wissen aneignen und so seine Seele selbst heilen – die Intuition kann uns helfen, eine Einheit von Körper, Seele und Geist zu erschaffen.

Die subjektive Wahrnehmung der individuellen Welt ist dabei von großer Bedeutung: »von innen her gesehen« wird sie als schöpferische Kraft oder als »feu sacré«, als heiliges Feuer erkannt. Fast »magisch« könnte man sagen, beginnen die in uns allen wohnenden Energien des Denkens, Fühlens und Glaubens als Einheit zu wirken und uns wertvolle Impulse zu geben. Unsere Gedanken und Gefühle, die Sprache der Seele, werden uns durch unsere Hinwendung zur Intuition bewusst: Wir entdecken unsere medialen Anlagen und können sie im täglichen Leben als Wege zur Heilung und als wertvolle Werkzeuge der Selbsterkenntnis nutzen.

Woher kommen wir? Wer sind wir? Wohin führt uns unser Weg? –
Verlassen wir mutig alte Ufer und machen uns auf die Suche
nach unserem eigentlichen Selbst.

Medial Begabte sind zu allen Zeiten eine Quelle schöpferischen Handelns gewesen und werden es auch in der Zukunft sein. Nur inspirierte Arbeit ist unvergänglich, wie uns die großen Meisterwerke immer wieder lehren, und mit dem Herzen zu schauen macht das Leben erst lebenswert. Es bedeutet, den göttlichen Funken in das Alltags- und Berufsleben einfließen zu lassen, eine Verbindung von Alltag, Wissenschaft und Mystik herzustellen, eine Brücke von unserer alltäglichen, grobstofflichen in die spirituelle, feinstoffliche Welt zu schlagen. Lassen wir inspirierte Informationen aus unsichtbaren spirituellen Welten intuitiv in die sichtbare Welt einfließen, und zwar auf einer bewussten, erfahrbaren und beweisbaren Ebene.

Wenn Sie Ihre mediale Wahrnehmung schulen, so werden Sie durch den Austausch mit anderen auch zu sich selbst finden: Die Prozesse, die in Ihnen durch eine feinere Wahrnehmung ausgelöst werden, dienen auch zur intuitiven Selbstreflexion und ermöglichen dadurch ein immer wieder neues Einstellen der inneren Kompassnadel der Wahrnehmung.

Die magischen Kräfte der Intuition werden zu wertvollen Dienern der Persönlichkeitsbildung und Bewusstseinsschulung. Werden Sie Mit-SchöpferIn Ihres eigenen Lebens – Sie selbst gestalten sich das Himmelreich auf Erden und können so Ihre Gesundheit, Ihren Alltag Ihre Beziehungen und Beruf positiv beeinflussen.

Die Intuition hilft uns,
unser Alltagsleben besser zu bewältigen,
indem wir nicht nur auf das reagieren, was passiert,
sondern auch die Ursachen ergründen.

Ich selbst entdeckte bereits als Kind meine Fähigkeit, Energien und Farben um die Menschen herum wahrzunehmen. So konnte ich oft »Unsichtbares« sehen oder »hinter die Kulissen« anderer Menschen schauen. Wenn diese beispielsweise in Not waren, fühlte ich einen Heilenergiestrom von mir zu ihnen fließen. Oder ich wusste plötzlich ganz genau, wie eine bestimmte Situation sich entwickeln würde. Vor allem in meiner Jugend fühlte ich mich oftmals allein und unverstanden in meiner Welt, da ich bald erkannte, dass meine Wahrnehmungen nicht von anderen geteilt wurden. Erst viel später begann ich langsam, bewusst zu realisieren, dass ich in der Tat über-, außer- oder innersinnliche, mediale Fähigkeiten hatte.

Die Entwicklung der persönlichen Medialität steht jedem Menschen offen. Die magische Kraft der Intuition hilft uns dabei. Dabei muss die mediale Begabung nicht unbedingt seit der frühen Kindheit bewusst erlebt worden sein – denn auch diese Gabe wird für jeden zu seiner Zeit von Bedeutung sein.

In diesem Zusammenhang begegnen uns immer wieder die folgenden Begriffe: Intuition, Inspiration, Imagination, Medialität, Außer- oder Innersinnliche Wahrnehmung und andere mehr.

Intuition ist eine Gabe, die sich in plötzlichen Eingebungen und Wahrnehmungen äußert und die nicht im logischen und damit verstandesmäßigen Denken wurzelt. Intuitive »Einfälle« äußern sich oft als Bilder, Gefühle, Gerüche oder Geistesblitze – Funken der Erleuchtung, unmittelbar aus geistigen Welten empfangen.

Inspirationen dagegen sind schöpferische Eingebungen einer höheren oder inneren Kraft oder Wesenheit, die ich geistiger Helfer oder Höheres Selbst nenne, verbunden mit unserer Fähigkeit, einen Bezug zwischen diesen Eingebungen und der Realität herzustellen.

Unsere Medialität schließlich ist die schulbare Fähigkeit, uns außer- oder übersinnlichen Phänomenen zu öffnen, sie zu deuten, unsere Wahrnehmung auf allen Ebenen zu sensibilisieren und mit unserer

Intuition, unseren Inspirationen sowie Imaginationen bewusst und sicher umgehen zu lernen.

Dank Ihrer *Lebenserfahrungen*, die sich gefühlsmäßig und in Form von Gedanken-»Ein- und Abdrücken« in Ihrer Seele angesammelt haben, bilden Sie sich ihre eigene Wahrheit. Es ist demzufolge wichtig, dass Sie immer auf Ihre innere Stimme hören, ihr vertrauen und ihr treu bleiben. Ihre innere Stimme spricht zu Ihnen über Ihre Träume, Ihre Intuition und inneren Bilder. Wenn Sie sich Ihre Gedanken und Gefühle bewusst machen, deren Botschaften Sie in sich und Ihr Leben integrieren, werden Sie in Ihrer Persönlichkeitsentfaltung schneller vorwärts kommen. Sie werden so auch zu mehr Lebensfreude finden.

Die Sprache der Intuition
ist an kein Glaubenssystem gebunden
und geleitet Sie sicher
durch alle Unwägbarkeiten des Lebens.

Die Kraft der Spiritualität

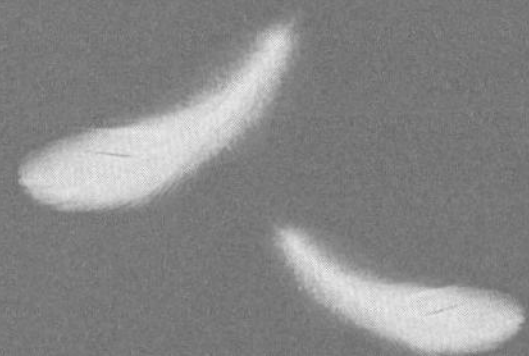

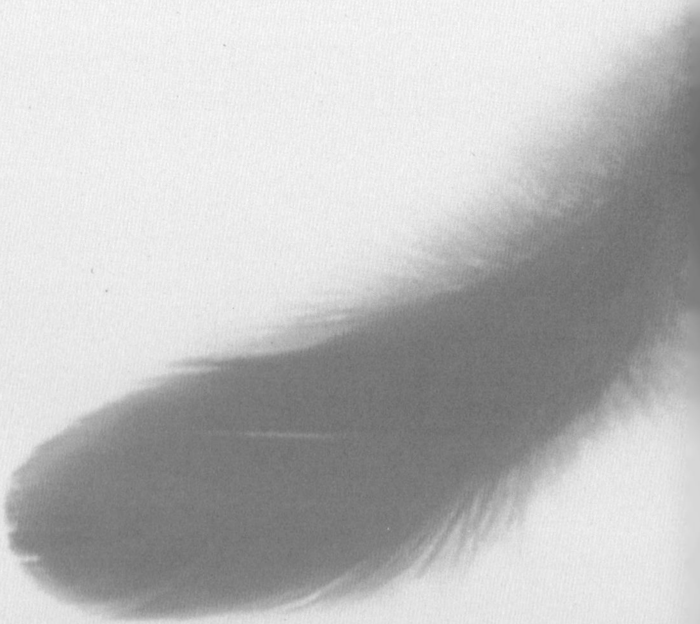

Im Universum existieren viele Kräfte, die sich dem Verständnis des Menschen noch entziehen. Zahlreiche unerklärliche Erlebnisse oder fantastische Phänomene, die immer wieder erfahren werden, bestärken uns im Glauben, dass neben unserer materiell-physikalischen Welt eine spirituelle Realität mit anderen Naturgesetzen existiert. Verschiedene historische, philosophische und gesellschaftliche Prägungen veranlassen uns, uns vor diesen schwer fassbaren Dimensionen zu fürchten, ihnen keine Beachtung zu schenken, oder gar Hemmungen vor konkreten Vorstellungen zu haben. So haben wir unter anderem auch gelernt: Du sollst dir kein Bildnis von Gott machen. Wie wollten wir das auch – inmitten all der Beschränkungen des Menschseins? Zudem wäre ein Bildnis, eine Vorstellung wiederum bereits erklärbar, definierbar; und so wird von allen Religionen und Mystikern immer nur die Suche nach der Verbindung mit Gott, eine Erfahrung mit der höchsten Intelligenz oder Bewusstseinsebene angestrebt. Wir wissen, dass wir die Verbindung zum Großen Geist im Gebet, in der Meditation, in der Versenkung, in der Stille zu finden vermögen.

Wir können die höchste Bewusstseinsebene
weder fassen noch erklären –
aber wir können sie erleben und erfahren.

Die Welt der Materie ist nur ein Teil unseres irdischen Lebens. Wir leben mit unseren Schutzengeln und geistigen Helfern und Führern in ein und demselben Kosmos. Hier durchdringen sich permanent die irdische und geistige Welt, das Grob- und das Feinstoffliche, sie vermischen sich miteinander, harmonisieren sich, gehen ineinander auf und formieren sich wieder neu. Ein Naturphänomen – die Verwandlungsfähigkeit des Wassers in seine Aggregatzustände Eis, Wasser und Dampf – mag als Beispiel dienen. Im Tod bringen wir nur eine andere Seite unseres Bewusstseins zum Ausdruck und hören auf, im physischen Körper zu empfinden – wir wechseln in eine andere Daseinsform über.

Die kleine Spitze des Eisberges, die aus dem unendlichen Meer ragt, lässt sich symbolhaft mit unserem Körper vergleichen: Sie versinnbildlicht alles, was mechanisch, vegetativ, teilweise unbewusst gesteuert wird und einfach funktioniert. Im Tagesbewusstsein leben, funktionieren wir auch mittels unserer Psyche; mehr oder weniger instinkthaft üben wir unsere Tätigkeiten aus. Unser Körper sowie unsere Gedanken und Gefühle sind Geschenke der Natur oder der Schöpfung – sie dienen uns als Vehikel, als Gefährt(en) durch unser Leben hier auf dem Planeten Erde.

Unser physischer Körper ist greifbar, kontrollierbar, messbar. Im Gegensatz dazu sind unsere Seele und unser Geist wie die verborgenen Teile des Eisberges. Für den normalen Menschenverstand sind Seele und Geist etwas schwer Vorstellbares, etwas nicht Greifbares, schwer Erklärbares. Zugang zu diesen Ebenen findet der Mensch auf nonverbale Weise mittels Telepathie. Hier beginnt die Erforschung unserer Intuition, die Entdeckungsreise durch die unendlichen Ebenen der Gefühle und ihrer symbolhaften Sprache.

Grundsätzlich darf man nicht glauben, dass die verschiedenen Daseinsformen in der geistigen Welt mit unserer irdischen Ebene verglichen werden dürfen, weil wir nicht mit unseren physischen, sondern mit unseren psychischen Sinnen wahrnehmen. Wie im Traum können die Farben vollkommener sein, der Reichtum an himmlischen Düften unendlich, und aus einem Ton kann eine ganze Symphonie erklingen – alles ist so anders, als man es auf dieser Welt gewöhnt ist. Die Gebäude sind aus anderen Substanzen, sie können glatt wie Marmor, durchsichtig wie Alabaster zugleich erscheinen und Lichtströme von hellsten, regenbogenfarbigen Farbschattierungen in die angrenzende Atmosphäre oder Bewusstseinsebene aussenden. Diese andere Natur erscheint dem medial Wahrnehmenden üppiger, so bunt und in leuchtenden Farben, wie man es sich nur in den kühnsten Träumen vorstellen kann, so wie sich viele Menschen beispielsweise das Paradies, den Garten Eden oder das versunkene Atlantis vorstellen.

Die geistige Welt ist eine Welt des Gedankens.
Denken bedeutet Tun,
und der Gedanke ist augenblicklich.

Denken Sie sich an einen bestimmten Ort, und begeben Sie sich mit der Geschwindigkeit eines Gedankens dorthin, so schnell also, wie Sie es sich vorstellen können. Das ist die gebräuchlichste Art der Fortbewegung in den geistigen Bewusstseinsebenen.

Muss eine Brieftaube die Landkarte lesen können? Blumen blühen auch im Stillen – ein Edelweiß wird nie als Rose erblühen können.

Meines Erachtens ist die aktive Auseinandersetzung mit der persönlichen Gefühls- oder Symbolsprache die abenteuerlichste Reise unseres Lebens – denn, wie schon Sokrates lehrte: Die *Selbsterkenntnis* ist die wichtigste Erkenntnis im irdischen Dasein.

Unsere uns allen eigenen Schöpferkräfte wie die Inspiration, Intuition und Imagination sind wichtige Hilfsmittel auf unserer Lebensreise: Sie bilden die Basis der Wahrnehmung. Das subtile Unterscheiden-Können zwischen diesen verschiedenen Kräften, das Gewahrsein, lässt uns Brücken schlagen zum ureigensten Wesenskern sowie zum eigenen Himmel auf Erden und dadurch neue Ufer finden.

Auch wenn diese wortlose Sprache, die keine Ländergrenzen kennt, heute wissenschaftlich noch schwer erklärbar ist, gibt es nur eine wichtige Voraussetzung, wenn man sie verstehen und lernen möchte:

Wir brauchen Mut – den Mut zur Erforschung unserer eigenen Tiefen, die Bereitschaft, sich auf notwendige Veränderungen einzulassen und den Willen, zu wachsen und sich zu entwickeln. Unsere medialen Anlagen, besonders unsere magische Kraft der Intuition, helfen uns dabei.

Die Wirklichkeit liegt im Unsichtbaren.
Lernen Sie, mit dem Herzen zu schauen.

Nur wenn wir uns in unser Inneres zurückziehen und lernen, bewusst auf die Stimme der Intuition zu lauschen, auf ihre Worte und ihre Bilder, wird unser seelisch-geistiges Verständnis klarer und klarer werden. Der Sensitive stellt sich mit seinen medialen Fähigkeiten bewusst als Vermittler zwischen zwei Welten zur Verfügung. Als Medium verbindet er die unsichtbare mit der sichtbaren Welt, indem er – je nach seinen medialen Fähigkeiten – die geistigen, spirituellen und oder psychischen Energien fließen lässt. Aber genauso, wie das Leben für das Neugeborene nicht zu hart und kalt sein darf, so kann die Kraft des

Geistes vom menschlichen Vermittler nur in dem Maße aufgenommen werden, wie dieser dazu befähigt ist.

Die göttliche Kraft beschränkt sich nicht nur auf »Medien«, sie wirkt mehr oder weniger durch alle Menschen hindurch, denen oftmals gar nicht bewusst ist, dass sie Werkzeuge oder eben »Medien« des Geistes sind. »Unbewusst« ist jeder bestrebt, mit dem Herzen auf dem rechten Fleck, mit beiden Beinen auf dem Boden und mit gesundem Menschenverstand seinen Alltag zu bewältigen. Die spirituelle Kraft wird in allen menschlichen Bestrebungen sichtbar.

Der spirituelle Funke in uns

Wenn Ihre geistige Natur, das Göttliche, in Ihnen erwacht, haben Sie jene Stufe Ihrer Entwicklung erreicht, auf der Sie bereit sind, im Leben nicht nur das auf der Oberfläche Liegende zu ernten, sondern den ganzen Reichtum, der nur im Geistigen – in der unsichtbaren Welt – zu finden ist.

Geistige Juwelen sind weitaus schöner und glänzender als die irdischen. Und sie werden noch bestehen, wenn die Schätze dieser Welt ihren Glanz verloren haben und wertlos geworden sind.

Erst wenn sich die Seele ihrer selbst gewahr wird, erst wenn der innere Brillant zu strahlen vermag, erkennt sie ihre Stärke. Sie ist ein Teil der mächtigsten Kraft im Universum! Dieser Bewusstseinsteil – der unsterbliche Lebenskern mit den geplanten Teilgebilden – ist schließlich das, was Ihre Persönlichkeit ausmacht. »Seele« darf nicht mit »Persönlichkeit« verwechselt werden.

Wir alle erfahren die göttliche Kraft, indem wir ganz einfach Liebe spüren, oder wir erleben dieselbe Kraft in einer Vision, in unserer Fantasie, im Traum, in der Natur – wann immer wir das Gefühl bekommen, in unserer Seele vom Göttlichen berührt zu werden und Erfahrungen zu machen, die von außerhalb unserer materiellen Welt kommen. Solche Erlebnisse nennen wir Initiierungen oder Einweihungen. Wir alle sind aus der ewigen Kraft des höchsten Bewusstseins hervorgegangen und tragen den göttlichen Funken in uns. Wir sind geistige Wesen, die dieses höchste Bewusstsein verkörpern. Auf unserer Lebensreise durch die unendliche Zeit bringen wir diesen Keim zum Wachsen und zur Blüte, in diesem Augenblick als Mensch, in einem anderen als geistiges Wesen in einer anderen Seinsform. Die esoterische Welt findet ihren Ausdruck in der exoterischen Welt und umgekehrt.

Zur Persönlichkeit gehört
die Bewusstseinsarbeit am Wesenskern,
die stete, seelisch-geistige Entwicklung
und Entfaltung individueller Anlagen.

Mit der seelisch-geistigen, medialen Entwicklung beginnen Sie einen Weg, auf dem Sie Hilfe, Führung, Eingebung, Unterstützung und Weisheit aus der spirituellen oder geistigen Welt für Ihren praktischen Alltag erhalten.

Dieser Weg ermöglicht Ihnen, sich nicht nur von denjenigen helfen zu lassen, die Sie lieben und die mit Ihnen verwandt sind, sondern auch von Wesen, die physisch in keiner Weise mit Ihnen verbunden sind. Sie sind auf der geistigen Ebene mit Ihnen verwandt, da sie ein ähnliches Bewusstsein haben, und das ist von viel größerer Bedeutung. Richard Bach bemerkte diesbezüglich einmal, dass wahre Familien selten unter einem Dach leben.

Symbolisch gesprochen möchte folgende Metapher dies illustrieren: Ein Adler-Ei wird von einem Huhn im Hühnerhof ausgebrütet. Welch ein Glück, wenn der Jung-Adler es dann zu guter Letzt doch noch schafft, ohne Leit- und oder Vorbild fliegen zu lernen …

Entscheiden Sie selbst,
ob Sie die Hilfe der Vorsehung annehmen wollen –
Ihr Wille ist frei!

Im Laufe Ihrer Entwicklung kommen Sie langsam, aber sicher in den Besitz von etwas, das die materielle Welt Ihnen niemals geben oder nehmen kann: Sie erlangen Zuversicht, Vertrauen, innere Ruhe und Entschlossenheit. Dann wissen Sie ohne jeden Zweifel, dass es nichts auf der ganzen Welt gibt, was Ihrem eigentlichen Ich schaden kann, und dass Sie eins sind mit der größten göttlichen Kraft, welche die ganze Fülle des Lebens geschaffen hat.

Der Große Geist wird uns nicht im Stich lassen. Wir dürfen aber auch ihn – beziehungsweise unsere Beziehung zu ihm – nicht vergessen! Aus dieser Verbindung erwächst das Urvertrauen und dadurch ein gesundes Selbstvertrauen, Selbstsicherheit, Selbstwertgefühl und Selbsteinschätzung – das Fundament einer gesunden Persönlichkeit. Der sinnliche Draht zur geistigen Welt erwacht.

Das ganze Leben verläuft auf vorgezeichneten Wegen. Die Erde dreht sich um ihre Achse, Sterne und Planeten ziehen am Himmel ihre feste Bahn, Jahreszeiten kommen und gehen als Teil eines ewigen Kreislaufs. Die Pflanzen blühen und verwelken, überall gehorcht das Leben dem Naturgesetz, in das es eingebunden ist.

Wir können nicht außerhalb der göttlichen Ordnung leben; wir sind ein Teil davon. Wir wollen daran denken, dass wir immer in den Mantel unendlicher Liebe gehüllt sind und mit dem Großen Geist, der göttlichen Kraft und Liebe, ewig verbunden sind. Diese ist überall gegenwärtig.

Eine Seele, die völliges, unzerstörbares Vertrauen zu dieser unendlichen Kraft hat, sorgt sich nicht. Wer sich Sorgen macht zeigt damit, dass er von Furcht getrieben wird. Furcht ist ein Teil der Dunkelheit, der Unwissenheit – nicht des Lichts. Die Kraft der Furcht kann aber als Motivator zum Selbstfindungsprozess genutzt werden.

Bringen Sie Licht in dieses Nicht-Wissen, indem Sie sich Ihrer Unwissenheit bewusst werden und sich bemühen, im Lichte des geistigen Verständnisses zu leben. Verständnis und vollkommene Liebe verbannen die Furcht, die die Lebenskraft lähmt und den Geist daran hindert, neue Ausdrucksformen zu finden und sich immer weiter auszudehnen. Lassen wir die Liebe das Weltall beherrschen, dann gibt es keinen Platz für Furcht.

Die spirituelle Welt
ist unser eigentliches Zuhause.

In dieser spirituellen Welt erfahren wir das Da-Sein und die Bedeutung der psychischen Sinne. Wenn wir geboren werden, senkt sich der Schleier des Vergessens über unsere Wahrnehmung. Unsere (westliche) Erziehung, die an dem Rationalismus der linken Gehirnhemisphäre orientiert ist, tut ein Übriges. Doch die Qualität der Zeit hat sich verändert. Immer mehr Menschen suchen nach der Verknüpfung des Rationalen, Intellektuellen mit dem Land der Fantasie und der Inspiration, der Verbindung der linken und rechten Hemisphäre. Bruchstückhafte Erinnerungen an vergangene Leben, Wahrnehmungen von Schutzengeln und noch unerklärliche Phänomene treten immer mehr in den Vordergrund und lassen uns – nicht nur in Zeiten des Chaos – die höher stehende Ordnung der geistigen Welt immer wieder erspüren.

Das Erwachen der individuellen spirituellen Wahrnehmung ist zum einen eine Frage des Bewusstseinsstandes – des Menschen wie auch seiner Zeit. Zum anderen aber zeigt sich die geistige Welt demjenigen, dessen freier Wille die Weichen stellt, um den richtigen Weg einzuschlagen – die göttliche Führung anzunehmen. Die Wahrnehmung mit den psychischen Sinnen und der Kanal, durch den das Göttliche fließt und seine Abgesandten wirken, sind die Verbindung, sind der sinnliche

Draht zur geistigen Welt, die uns zurück zum Ursprung führt – und hin zu unserer eigentlichen Bestimmung.

Seit es Menschen gibt, wissen wir, dass das göttliche Licht und die göttliche Liebe letzten Endes über alles siegen – wie auch in der Natur *alles* dem Licht entgegenwächst. Entscheidend ist, dass wir das nie vergessen und bemüht sind, immer wieder aus der göttlichen Liebe heraus zu handeln, indem wir dem göttlichen Funken in uns näher und näher kommen.

Unsere geistigen Helfer und Führer

Unsere geistigen Helfer sind Vermittler zwischen zwei Welten, der irdischen und der feinstofflichen, spirituellen Welt. Lama Govinda sagte: »Engel sind keine Halluzinationen. Es sind Realitäten der geistigen Psyche, Symbole, in denen die höchsten Erkenntnisse und Bestrebungen des menschlichen Geistes verkörpert sind. Ihre Visualisierung ist der schöpferische Vorgang geistiger Projektionen, wodurch inneres Erleben in sichtbare Form verwandelt wird.« Die geistigen Helfer und Führer kommen aus einer Dimension, in der die universale, telepathische, nonverbale Sprache gesprochen wird. Wir Menschen kennen diese Sprache alle mehr oder weniger bewusst – es ist die Medialität, die sich über die fünf psychischen, spirituellen oder medialen Sinne manifestiert.

Dabei sollten wir nicht vergessen, dass wir alle durch unsere Erziehung, unsere Kultur und »unser Wissen« geprägt sind. So »denken«,

»fühlen« und »glauben« wir in unserer Muttersprache, und auch die außersinnliche Wahrnehmung unterliegt ihren Metaphern – denn wir sollen sie, wie unsere Träume, auch verstehen können. Aus diesem Grunde haben Sensitive auch unterschiedliche Visionen. Symbolische Verzerrungen werden, wenn wir uns dieser Vorbedingungen bewusst sind, in einem neuen Licht erscheinen.

Es gibt so viele Interpretationsmöglichkeiten
der Wahrheit
wie Menschen.

Nach dem Gesetz der Resonanz, das besagt, dass sich Gleichgesinnte oder Gleichgestimmte suchen und finden, begegnen uns auch die spirituellen Wesen, die uns entsprechen und uns weiterbringen: Gleiches zieht Gleiches an – und so wird jeder, der seine Gedanken- und Gefühlssprache entwickelt, seine persönliche Wahrheit, den Spiegel seines Ichs auch in der Welt der außer- und innersinnlichen Wahrnehmung finden.

Im Dialog mit unseren geistigen Wegbegleitern lernen wir, uns neu mit uns selbst auseinander zu setzen. Wenn wir bereit dazu sind, werden unsere Helfer zu unseren Lehrern, Heilern und Priestern werden. Da geistige Helfer befreit sind vom irdisch-menschlichen Denken, haben sie eine größere Sichtweite und geben uns die Kraft, die innere Zerrissenheit und Spaltung, in der wir uns im irdischen Leben oft befinden, immer wieder zu überwinden.

Unsere Begleiter bewahren uns vor einem Unglück oder führen uns in eine bestimmte komplizierte Lebenssituation, weil die Zeit reif dazu ist. Sie helfen uns, im entscheidenden Moment das Richtige zu tun oder zu lassen. Spirituelle Helfer und Führer leisten intellektuellen, moralischen und geistigen Beistand, helfen beim Kampf gegen böse und zerstörerische Mächte oder schaffen Schutzschilde aus positiver Energie. Auch können sie einzelne Anregungen und Anleitungen, Inspirationen oder Eingebungen hinsichtlich spezieller Probleme oder Hinweise zur allgemeinen Lebensführung geben.

Wie sich im Alltagsleben unser Freundeskreis ändert, wechseln sich auch unsere spirituellen Helfer und Führer zu gegebener Zeit ab und gehen ihren eigenen Weg der Entfaltung weiter.

Die Beziehung zwischen Mensch und Geistwesen soll möglichst eine *gegenseitige* Bereicherung und Freude sein. Auch den großen

Herausforderungen, mit denen uns die geistige Welt zuweilen konfrontiert, sollten wir vertrauensvoll mit Dankbarkeit und Freude begegnen können. Doch wie im irdischen Leben brauchen wir nicht jeden Gast jederzeit zu akzeptieren. Passt er uns nicht, können wir dies sagen und uns distanzieren.

Die geistige Welt übt keine Macht über uns aus, kann uns zu nichts zwingen – außer wir sind mit unserem eigenen Willen dazu bereit oder brauchen die Erfahrung, uns abhängig zu fühlen.

Abhängig zu sein bedeutet nichts anderes, als an etwas festzuhalten. Durch das Erarbeiten und Erlangen persönlicher Stärke lernt man sich zu befreien. Zur persönlichen Stärke gelangt man durch mutiges Loslassen von Altem und Überholtem, durch Überwinden eines erlittenen Verlustes, durch unerschütterliches Gottvertrauen und das Annehmen höherer Führung.

Unsere spirituellen Helfer und Führer
unterstützen uns auf allen Ebenen des Lebens.

»Wer das Gleichgewicht hält, jenseits des Wechsels von Liebe und Hass, jenseits von Gewinn und Verlust, von Ehre und Schmach, hält die höchste Stellung in der Welt«, heißt es im *Tao Te King* von Lao Tse.

Unsere geistigen Helfer und Führer führen uns aus der weltlichen Ebene der Dualität und der unbewussten Einheit in die bewusst gewordene Einheit hinein. Sie sind es, die uns in Krisen, in Momenten des Zweifels oder bei Illusionen weiterhelfen, uns mit Lebensprüfungen und Entscheidungen konfrontieren, um durch die »Welt des Guten und Bösen« ins Himmelreich auf Erden zurückzukehren – wenn wir mit unserem »freien« Willen bereit dazu sind.

Sie teilen uns ihr Wissen über das Leben in der Einheit mit, damit wir Begrenzungen des irdischen Lebens überwinden können – und damit auch Ängste vor Unbekanntem. Unser Geist vermischt sich mit ihrem Geist – wir werden in allen Aspekten unseres Wachstums unterstützt. Wir können große emotionale, mentale und spirituelle Veränderungen erleben, indem sich unsere Energie mit der der geistigen Helfer und Führer verbindet. Spirituelle Beschützer können auch aus unserem unmittelbaren Umfeld kommen. So begleiten uns von uns geliebte Menschen oft auch nachdem sie verstorben sind auf unseren Wegen und unterstützen und beschützen uns über den physischen Tod hinaus.

Nach all den Erfahrungen, die ich als spirituelles Medium sammeln konnte, gehe ich davon aus, dass die Persönlichkeit oder das individuelle Bewusstsein eines Menschen nicht mit dem physischen Körper stirbt, sondern diesen mit dem so genannten Astralkörper beim Sterben nur verlässt.

Es gibt also weder Tod noch Weiterleben – es gibt nur Formveränderungen, Wandlung, andere Aggregat- oder Energiezustände. Die »Verstorbenen« haben nur andere Bewusstseinsqualitäten in anderen Seinsebenen – je nach individuellem Bewusstseinsstand. Nach einer Ruhephase, einer Zeit des Rückblicks auf die gewonnenen Lebenserfahrungen, einer Selbstprüfung und Standortbestimmung setzt dieser Bewusstseinsteil seine Existenz fort, indem er auf der feinstofflichen Ebene weiterlebt und sich entsprechend weiterentwickelt – ohne irdischen Körper. Irdische Belange haben keine Gültigkeit mehr, das Bewusstsein wird weniger egozentrisch; manches angelernte Wissen und überflüssig gewordene Teile des Ichs verlieren an Bedeutung und fallen ab. Auch die Geschlechtlichkeit löst sich auf, wir werden androgyn. Und doch bleibt eine prägende Spur der Vergangenheit in der Erinnerung bestehen oder als Information abrufbar.

Die aufgenommenen Erfahrungen bleiben auch nach dem Tod bewusst. Je nach der Art unserer Lebenserfahrungen und dem Stand des Bewusstseins gelingt es dem Geistwesen, die Sphäre des Irdischen loszulassen. Je nach Entwicklung fokussiert es wieder die Erde, um mit der Kraft der kosmischen Liebe und dem umfassenderen Blick als geistiger Helfer, als Schutzengel den auf der Erde Zurückgebliebenen zu helfen. Verschiedenste Ursachen wie Dankbarkeit, Vergebung oder auch ein schlechtes Gewissen können der Motivation dienen. Auch dies geschieht unter dem Gesichtspunkt der Weiterentwicklung. Jede Form von Leben birgt ihre Erfahrungen in sich und ist eine notwendige Stufe auf der Entwicklungsleiter, die nicht unbedingt geradlinig von unten nach oben führt, sondern holografisch – das heißt, dass jedes noch so kleine Teilelement im Kosmos das Ganze enthält – immer wieder zwischen Chaos und Ordnung nach neuen Strukturen sucht.

Die ganz persönlichen Angaben, die wir aus der »anderen Welt« erhalten können, möchten das Leben nach dem Tod beweisen und damit die Zurückgebliebenen auch trösten. Beschreibungen über bestimmte typische Situationen, persönliche Geschenke, intime Kosenamen, die Todesursache und Ähnliches können in der Kommunikation mit einem solchen geistigen Wesen besprochen werden. Dazu möchte ich ein Beispiel aus einer meiner medialen Sitzungen geben.

Eine verstorbene Großmutter wurde von einer Ratsuchenden erkannt und sie »sprach« zu ihrer Enkelin:

»Neulich beobachtete ich dich, als du sehr traurig zu Hause auf deinem gelben Sofa lagst. Ich war bei dir und tröstete dich. Draußen regnete es – kurz, es war ein deprimierender, grauer Sonntagnachmittag. Der grüne Pullover, den du getragen hast, steht dir ausgezeichnet! Grün ist genau die Farbe, die dir momentan am meisten für deine geistige Entwicklung hilft.

Ich begleitete dich nämlich ins Geschäft und erlebte deine Entscheidungsschwierigkeiten beim Kauf. Solltest du wieder einmal traurig sein, ziehe einfach den grünen Pullover an oder meditiere mit der Farbe Grün. Ich werde dir dann noch bewusster die hellsten und reinsten göttlichen Energien senden.

Mir geht es übrigens als geistige Helferin sehr gut, ich bin glücklich und habe immer viel zu tun. Nach meinem Tod wurde ich von meinem Großvater, der ein Gemüsehändler aus Italien war, liebevoll abgeholt und in die geistige Welt eingeführt. Wir feierten meinen ›Geburtstag‹.

Ich wurde in eine Art Rehabilitationsstätte geführt, wo ich mich von meiner langen Krankheit erholen konnte und treu umsorgt wurde.

Während dieser Orientierungsphase sah ich, wie du eine ganz schwierige Zeit durchzustehen hattest. Ich hörte deine Gebete, das alles war Grund genug, mich sofort als geistige Helferin zur Verfügung zu stellen. Mit dieser Aufgabe bekam ich ja auch eine Chance, an meiner eigenen seelisch-geistigen Entwicklung weiterarbeiten zu können. Meine Aufgabe ist es, dir immer wieder neuen Lebensmut und Kraft zu geben, damit du deine seelisch-geistige Entwicklung fortsetzten kannst. Meine Arbeit besteht also darin, dass ich es schaffe, dass du meine Hilfe annimmst – das ist meine Art der persönlichen Weiterentwicklung.

Erinnerst du dich noch, dass du vor etwa zweieinhalb Jahren eine Schallplatte mit griechischer Folkloremusik geschenkt bekamst? Immer wenn du unglücklich warst, hörtest du diese Musik, und sie gab dir wieder neue Lebensfreude. Ich hatte deine Freundin inspiriert, dir diese Platte zu kaufen. Seitdem bin ich als Schutzengel immer an deiner Seite, wenn du Hilfe und Kraft brauchst. Ich wirke dann als Kanal und lasse so gut wie möglich göttliche Heilkräfte vermehrt und gebündelt zu dir fließen. Übrigens möchtest du schon lange gerne nach Griechenland in die Ferien, stimmt's? Plane eine solche Reise als Nächstes, du wirst dort eine glückliche Zeit verbringen. Ich sehe nämlich jetzt einen ›Film‹, der mir von einem deiner höheren geistigen Führer gezeigt wird: Vor etwa 250 Jahren sehe ich dich als Fischer auf einer griechischen Insel glücklich mit deiner Familie leben. Du hast damals eine sehr unbeschwerte, humorvolle Zeit, sehr naturverbunden und bescheiden, mit deiner Sippe verlebt. Du warst ein stolzer Grieche. Als Todesursache sehe ich jetzt, dass du mit ungefähr 52 Jahren in einem Sturm auf dem Meer ertrunken bist. Hast du auch heute noch Angst vor dem Wasser? Lass diese Angst jetzt los, indem dir bewusst wird, dass sie nichts mehr mit deinem heutigen Leben zu tun hat. Meeresfrüchte dürften auch heute noch deine Lieblingsspeise sein, nicht wahr?

Mein größter Wunsch ist, dass ich dir heute beweisen kann, dass das Leben nach dem Tod weitergeht. Profitiere also als Mensch von der Möglichkeit, dich bewusst seelisch-geistig weiterzuentwickeln. Übrigens möchte ich dir ganz herzlich danken für alles, was du am Schluss meines Lebens mir zuliebe getan hast. Auch wenn ich mich wegen meines Alters nicht mehr richtig ausdrücken konnte, realisierte ich gefühlsmäßig deine lieben Zuwendungen. Richte bitte auch deiner Mutter herzliche Grüße aus und lass sie wissen, dass es mir jetzt gut geht. Sie braucht sich wirklich nicht zu sorgen. Auch wenn sie während meiner

Todesstunde nicht anwesend sein konnte, spielt das keine Rolle, da wir ja immer noch miteinander durch die göttliche Liebe verbunden sind.

Ich bin für euch alle da und helfe aus der geistigen Welt, so gut ich kann.«

Geistige Führer lehren uns die Liebe und die Hingabe an den großen Schöpfer. Vorurteile, Egoismus, Gier, Hass, Neid und Beschränkung werden durch Freiheit des Ausdrucks, durch Selbstlosigkeit und Liebe ersetzt. Das wirkt sich auf unseren Körper aus, er wird zunehmend gesünder und zufriedener. Die meisten Menschen erreichen den Bewusstseinsstand des reinen »Ich bin« – durch völlige Hingabe der eigenen Identität und durch die Auslöschung des Egos – nur zeitweilig. Doch diese Momente sind es, die dem Leben Sinn und Richtung geben.

Spirituelle Helfer und Führer
sind Abgesandte Gottes,
Vermittler zwischen uns Menschen
und dem Großen Geist.

Wenn wir auf unsere medialen Fähigkeiten achten und in uns hineinhören, werden wir entdecken, dass sich diese Abgesandten Gottes in ihren Wirkungskreisen und Eigenschaften unterscheiden.

So ist es durchaus möglich, dass Sie einem geistigen Führer begegnen, dessen Aufgabe darin besteht, Sie ein bis zwei Stufen »zurück in die Tiefe« zu führen. Durch eine solche Erfahrung lernen Sie die Bewusstseinshierarchien ganz direkt kennen und werden angespornt, sich wieder stärker Ihrer geistigen Entwicklung zu widmen und auch hier Salz von Zucker unterscheiden zu können.

Es gibt keine besseren oder schlechteren irdischen bzw. geistigen Rollen – wir alle sind Kinder Gottes oder Teile der ewigen Kraft, die auf der Bühne des Welttheaters oder in der geistigen Schule als Mit-Schöpferinnen Erfahrungen zur eigenen Weiterentwicklung und der anderer sammeln müssen! Es spielt für ein Geistwesen keine Rolle, ob es zehn oder hundert Jahre ohne physischen Körper bleibt – die weitere Entwicklungsmöglichkeit besteht nicht nur in der Reinkarnation auf der Erde, sondern auch in der feinstofflichen Welt. Demzufolge kann es im Austausch mit anderen neue Erfahrungen machen, sich mit anderen verbunden wissen und trotz allem es selbst bleiben.

Tief berührt hat mich persönlich auch folgendes Erlebnis, in dem mein geistiger Helfer zu mir Kontakt aufnahm: Einmal war ich mit Freunden auf einer Segeljacht in den Ferien. Jeder war auf dem Schiff für sich beschäftigt, während wir beim schönsten Sonnenschein an der Küste entlangsegelten. Ich las auf Deck gerade in einem Buch, als plötzlich mein verstorbener spiritueller Lehrer mir, weit draußen auf dem Meer stehend (!), erschien. Telepathisch störte er meine Konzentration – ich reklamierte und bat ihn inbrünstig, er möge mich bitte in Ruhe lassen, ich hätte jetzt Ferien ... Als er mich wieder beim Lesen störte, sagte ich ihm innerlich ziemlich barsch: »Dein Besuch hat ja wohl einen tieferen Sinn. Was soll ich lernen?« Nichts geschah – seine starke Präsenz forderte mich zu weiteren Denkanstößen heraus, und ich sagte ziemlich energisch: »Wenn du wirklich da bist, dann beweise mir das jetzt ganz klar und deutlich! Als Beweis möchte ich, dass sofort und unmittelbar ein Delfin aus dem Wasser hüpft.«

Kaum gedacht – schon geschah es! Unter den feinstofflichen Füßen meines geistigen Helfers erschien tatsächlich der runde Rücken inklusive Flosse eines Delfins, und mein geistiger Lehrer lächelte. Ich glaubte fast, einem Sonnenstich erlegen zu sein, schrie ziemlich hysterisch »ein Delfin, ein Delfin«, und im gleichen Moment wurde mir bewusst, dass, wenn meine Freunde jetzt schauen kämen, weit und breit kein Delfin mehr zu sehen wäre. Also bat ich meinen geistigen Helfer erneut aus vollstem Herzen, wenn er tatsächlich und wirklich jetzt hier sei, solle er noch einmal ein Wunder geschehen lassen und echte, irdische Delfine hüpfen lassen. Schließlich wollte ich nicht, dass meine Freunde das Gefühl hätten, ich hätte zu viel Sonne abbekommen – und ich wünschte mir für mich den Beweis der Existenz meines sinnlichen Drahtes zur geistigen Welt ...

Auch jetzt geschah es wieder: Kaum gedacht, hüpfte ein ca. neunköpfiger Schwarm von echten physischen Delfinen aus der Richtung meines geistigen Helfers direkt auf unser Schiff zu. Unglaublich! Ich konnte es selber fast nicht fassen. Die Delfine begleiteten uns fröhlich hüpfend und springend so lange in den Bugwellen des Schiffes, bis mein Film im Fotoapparat durchgeknipst war ... Auch das konnte ich selber fast nicht glauben. Als ich nämlich frustriert und traurig das letzte Delfinfoto schoss, bekundete ich laut den Delfinen meine Verzweiflung, dass ich sie jetzt ja gar nicht mehr fotografisch als irdischen Beweis meines paranormalen Erlebnisses festhalten könne ... Als wenn diese intelligenten Tiere mich verstanden hätten, verschwanden sie unmittelbar und plötzlich, so rasch wie sie auch aufgetaucht waren. Mysteriös? Nein! Für mich heute ein weiterer »physikalischer Gruß« aus anderen Daseinsebenen mit uns noch unbekannten Naturgesetzen, aus anderen Bewusstseinsebenen oder dem kollektiven Unbewussten …

Beide Beispiele zeigen, auf welch unterschiedlichem Weg die geistige Welt einschlägt, um unsere Perspektive so zu erweitern, dass wir die Gegebenheiten des irdischen Lebens in ihrer Vernetztheit und wahren Bedeutung erfassen lernen. Doch es liegt an uns, dieser Kommunikation den nötigen Raum zu geben, um geschehen zu können.

Die Botschaften unserer geistigen Helfer

In der geistigen Welt braucht es keine Worte –
Die Botschaften erreichen uns
über die Energie der Gedanken.

Die geistige Welt ist mit unseren fünf gewöhnlichen Sinnen nicht wahrnehmbar; sie muss mediale Wege einschlagen, um mit uns in die Materie eingebundenen Menschen in Kontakt treten zu können. Dann kann der Kontakt mit der inneren Stimme beginnen.

Wenn die Übermittlung durch Hell- oder medial sehen, -fühlen oder -hören geschieht, ist dies für den Sender oft sehr schwierig. Die Verbindung zwischen den beiden Welten erfordert das Zusammenwirken ganz besonderer Umstände. Wenn die richtigen Voraussetzungen gegeben sind, kann der Kontakt sehr leicht zustande kommen; aber es gibt viele den Kontakt störende Umstände. Vielleicht sind wir müde, krank, unpässlich, in schlechter Stimmung, hungrig, haben zu viel gegessen, zu viel getrunken, geraucht. All dies bleibt nicht ohne Einfluss auf die Art der Verbindung zwischen dem sendenden Geistführer und uns als Medium. In anderen Fällen mögen sich im Unterbewusstsein persönliche Gedanken regen, die in der Psyche stark und beherrschend sind und darum nach Ausdruck verlangen, und der Geistführer kann nicht verhindern, dass die unterbewussten Gedanken des Mediums stärker sind als er selbst. Aus diesem Grund sind symbolische Verzerrungen und Deutungsfehler des Mediums oder gar Projektionen und Verwechslungen niemals völlig auszuschließen.

Geistwesen, die bereit sind, sich zeitweilig aufzugeben, um einem Menschen beizustehen, sie sind voller Liebe für uns Menschen. Die Liebe ist für ein Geistwesen als geistiger Helfer eine zwingende Kraft, diejenigen zu trösten, zu leiten, zu unterstützen und zu inspirieren, mit denen es sich verbunden, wahlverwandt fühlt.

Geistige Helfer lenken unsere Aufmerksamkeit auf höhere spirituelle Wahrheiten.

Die medialen Wahrnehmungen werden über unsere Psyche, über Nervenbahnen, Hormonsystem und Gehirn als Denk- und Fühlimpulse vermittelt. Damit die Information brauchbar wird, muss sie auf eine Art und Weise übersetzt werden, die für uns Menschen verständlich ist. Aus diesem Grunde erleben viele ihre medialen Wahrnehmungen in symbolhafter Form, in Bildern oder Stimmen, wie man sie aus dem Traum kennt. Die »eingehauchten« Botschaften werden entsprechend dem Reifegrad des betreffenden Vermittlers, seinen kulturellen und intellektuellen Prägungen und auch seinen momentanen Gegebenheiten angepasst und entschlüsselt.

Viele Menschen sind so in ihrem Alltag mit all seinen großen und kleinen Problemen gefangen, dass der Geist in ihrem Innersten nur wie eine schwache Flamme ist, so schwach, dass sie fast kein Licht erzeugt. Wie soll dann »das in allen Regenbogenfarben gebrochene innere Licht« der psychischen Kraft, die in jedem Menschen vorhanden ist, auch wenn sie nur schwach zu leuchten vermag, wirklich und wahrhaftig zum Ausdruck kommen können? Und doch ist sie da – eingebunden im energetischen Wechselfeld von Selbst und höherem Selbst – und ringt nach Ausdruck. Erweckt werden wir Menschen meist durch die verschiedensten Schicksalsschläge des Lebens. Wir beginnen, die geistigen Wahrheiten und damit uns selbst sowie die Bedeutung der spirituellen Welt zu begreifen. Solange das Herz gut, die Seele willig, der Geist aufnahmebereit und der Glaube stark sind, ist der Verbindungsweg zur geistigen Welt offen, und wir ziehen in jeder Hinsicht Nutzen daraus: geistig, seelisch und körperlich.

Viele Menschen verstehen nicht, warum sie keine Antwort auf ihre Fragen erhalten. Die geistige Welt hat keine Hände, wenn sie nicht die Ihren gebrauchen kann. Wenn der Geist auf den Stoff, auf die Materie einwirken soll, braucht er ein Bindeglied, ein Medium, das für seine Einwirkung empfänglich ist. Wird damit nicht auch eine Erklärung des Phänomens »Wunder« oder »Eingebung« oder Inspiration möglich?

Trotz aller geistigen Helfer und Führer müssen wir uns aber bewusst sein, dass wir Herr und Meister unserer Gedanken und Gefühle bleiben müssen. Unsere universale Spiritualität, das höchste Bewusstsein, der höchste Wille führt uns auf all unsere Reisen – unsere geistigen Reiseführer stehen uns so gut wie möglich mit Rat und Tat zur Seite, damit wir mit unserem Willen das »für uns Richtige« tun.

Lauschen wir ganz intensiv dem Klang einer Glocke, so entdecken wir, dass außer dem Grundton die verborgenen Obertöne den Gesamtklang ausmachen. Im Nachhall nehmen wir immer feinere Frequenzen wahr, spüren von der anfänglichen dichten Vibration nur noch zartere Energiemuster. All dies ist in dem *einen* Klang enthalten – und so eröffnet sich dem Wachsamen und Sensitiven eine neue Welt.

Gefühlen und Gedanken Ausdruck zu verleihen
ist eine Kunst, die wir erlernen können.

Inneres Wahrnehmen kann auf verschiedene Art erlebt werden: Meditation beispielsweise ist auch Gedanken- und Geisteskontrolle, die ein Gefühl der tiefen inneren Ruhe und des Friedens vermittelt. Kontemplation ist anschauende Versenkung als Beobachtender in eine Idee oder ein Vorstellungsbild, Visualisation ist die Technik, sich etwas Geistiges vor allem bildlich und plastisch vorzustellen und über einen längeren Zeitraum im Bewusstsein zu halten. Diese Technik ist eine Form der geistigen Konzentration, die auch in geführten Bilderreisen zum Tragen kommt, um die feinstoffliche, seelisch-geistige Welt zu entdecken. Im Kontakt mit der inneren Stimme wird mit erlebten, geträumten Symbolen, Fantasien, Märchen, Metaphern, Gleichnissen und Zeichen das Tor zu Seele und Geist geöffnet. Der Kontakt mit der inneren Stimme ermöglicht es dem aufmerksam Wahrnehmenden, seine eigenen Seelengründe zu erforschen, Selbsterkenntnis im Spiegel der anderen zu gewinnen und dadurch die persönlichen Anlagen zur vollen Entfaltung zu bringen. Unsere innere Weisheit hilft uns dabei, in welcher Form auch immer sie für uns wirksam wird: Sei es als Verbindung zu Gott oder in Zusammenarbeit mit einem Geistigen Helfer, einem Geistigen Führer, einem Schutzengel, mit einem nicht-inkarnierten Bewusstseinsimpuls, mit dem Höheren Selbst, einer Teilpersönlichkeit oder einem Archetyp.

Die symbolische Kommunikation macht es möglich, die verschiedensten inneren sowie äußeren, persönlichen und überpersönlichen Welten zu verbinden, in Bezug miteinander zu bringen.

Vergessen wir dabei nicht, dass auch die geistigen Wesen ihrem persönlichen Entwicklungsprogramm unterliegen und nicht in ihrer Arbeit und Entfaltung gestört werden sollen. Der Einzige, den wir immer und überall, so oft und so lange wir wollen, anrufen und um Hilfe bitten dürfen, ist Gott oder der Große Geist, das höchste Bewusstsein! Diese ewige Kraft und Liebe sendet uns die geistigen Helfer und Führer, die uns zu diesem Zeitpunkt am besten unterstützen und schützen können, als Werkzeug und Vermittler im Sinne des göttlichen Plans.

Wir müssen uns auch bewusst sein, dass es in der »anderen Welt« nicht nur lichte, engelhafte Gestalten gibt, sondern auch dunkle Wesen. Wie oben – so auch unten! Die dunklen unerlösten Elemente – wie auch die dunklen, ungelösten Seiten in uns – sind da, damit wir uns mit ihnen auseinander setzen, sie kennen lernen sowie von ihnen lernen, um sie befreien und erlösen zu können.

Wir müssen sie beachten und dürfen sie weder verleugnen noch verdrängen. Im Laufe unserer medialen, seelisch-geistigen Entwicklung können wir auch dazu beitragen, diese niederen Schwingungen in eine höhere Bewusstseinsebene zu verwandeln: Sie werden als treibende Kräfte erkannt, die uns zur Veränderung motivieren. Durch Erkenntnis werden wir sie dem Licht übergeben und sie freilassen, indem wir ihnen bewusst machen, dass auch sie letztendlich den Weg zur höchsten Bewusstseinsebene, zum Großen Geist, suchen und *gehen* müssen.

Das Bewusstsein will sich stetig weiterentwickeln –
sowohl in der materiellen Welt,
als auch in der spirituell-geistigen.

Der erste Kontakt mit der spirituellen Welt – eine Meditationsübung

Mit Hilfe von Visualisierungen und Meditationen lässt sich unsere Wahrnehmung schulen und zur Entfaltung bringen. In diesem Buch nehme ich Sie auf mehrere Reisen mit, die Ihre Fantasie beflügeln und Ihre Wahrnehmung sensibilisieren sollen. Mit jeder Übung werden Sie Ihre medialen Empfindungen besser deuten können, und irgendwann werden Sie sich alleine auf eine solche Reise begeben können. Ihr Körper sollte jedoch unbedingt entspannt sein und sich in völliger Gelassenheit befinden, damit Sie sich Ihrer Wahrnehmung voll und ganz widmen können. Ihre geistigen Helfer werden Sie begleiten und Ihnen helfen, sich hinzugeben und sich der spirituellen Welt zu öffnen.

Ziehen Sie sich an einen ruhigen Ort zurück, an dem Sie ungestört sind. Setzen Sie sich bequem hin und seien Sie so entspannt wie möglich. Vielleicht sprechen Sie den Text auf ein Tonband und spielen es ab – hierbei können Sie anstelle von »wir« im Text auch »ich« sagen – oder Sie meditieren in einer Gruppe, wobei einer von Ihnen den Text vorliest.

Wir begeben uns in einen Raum, in dem wir ungestört sind. In unserer Vorstellung stehen wir fest verwurzelt auf einer Wiese. Wir schließen die Augen und stellen uns vor, wie sich unser Körper in einen Grashalm verwandelt. Wir spüren, wie sich unsere Wurzeln in die Erde hinein ausbreiten. Ganz sachte und sanft genießen wir die Ruhe und Stille. Tief atmen wir in unserer Vorstellung die gesunde Luft der Natur ein. Körper, Seele und Geist regenerieren sich und laden sich mit der Lebensenergie der Natur auf. Bewusst lassen wir uns von diesen göttlichen Energien auftanken; wir fühlen uns gesund und stark. Wir verbinden unseren göttlichen Teil mit der unendlichen Schöpferkraft und fühlen uns geschützt und geborgen. Wir werden eins mit dieser höchsten Bewusstseinsebene. Tief atmen wir all das ein, was für uns richtig und wichtig ist – alles andere interessiert uns nicht mehr.

Wir werden uns jetzt bewusst, wie sich unsere Ausstrahlung, unser Energiekörper, unsere Seele und unser Geist über unseren physischen und psychischen

Körper hinaus ausdehnen. Völlig wach und voller Achtsamkeit genießen wir diesen Frieden und diese Harmonie.

Ein Abgesandter Gottes, ein geistiger Helfer von uns, möchte sich jetzt ganz behutsam bemerkbar machen. Sein Energiekörper berührt sachte unseren Energiekörper, Ausstrahlung berührt Ausstrahlung. Vielleicht nehmen wir ihn wie einen zarten Windhauch oder ein angenehmes Wärmegefühl wahr, als Kribbeln in den Händen oder leichten Druck auf der Schulter. Wir sind ohne Erwartungen und lassen uns einfach überraschen. Wir achten auf alle Empfindungen und Gefühle, die wir jetzt vielleicht wahrnehmen können.

Falls wir uns von etwas unangenehm berührt fühlen, bitten wir unmittelbar die höchste Bewusstseinsebene, dieses störende Gefühl von uns zu nehmen und uns zu schützen. Wir warten ab, bis der negative Eindruck verschwindet! Erst, wenn wir wieder davon befreit sind, arbeiten wir weiter!

Wir prägen uns alle Gefühlseindrücke, die wir erhalten haben, ein und sind uns bewusst, dass unser geistiger Helfer sich uns auf ebendiese Weise bemerkbar gemacht hat. Wir nehmen diese Impressionen einfach an – die geheimnisvolle Stille erwacht …

Wir bedanken uns nun bei unserem geistigen Helfer.

Bewusst verabschieden wir uns und erinnern uns wieder, wie wir fest verwurzelt auf dem Boden stehen. Tief atmen wir noch einmal die reinsten und höchs-

ten Bewusstseinsenergien ein. Gestärkt und ausgeruht ziehen wir alle geistigen Antennen ein, um uns vor unnötigen Einflüssen von außen zu schützen. Hier und jetzt werden wir uns wieder unseres physischen Körpers bewusst, wir wecken ihn sanft, atmen zwei- bis dreimal tief durch und öffnen dann die Augen.

Es ist sehr wichtig, jetzt sämtliche Bilder, Gedanken und Ideen, die wir in unserer Gefühlswelt wahrgenommen haben, uns gut zu merken und eventuell aufzuschreiben, damit wir nichts vergessen! Eine solche Bilderreise oder Imagination ist nur sinnvoll, wenn wir uns ausschließlich mit dem Wachtraum auseinander setzen. Wir haben sozusagen mit dem Studium einer neuen Fremdsprache begonnen – demnach bemühen wir uns, die Gefühlssprache so verstehen zu lernen, dass sie mit der Zeit und nach verschiedenen Übungen langsam zu einem Hilfsmittel werden kann, die geistige Welt besser zu verstehen.

Wenn Sie alleine üben, lassen Sie die aufgeschriebenen Träume ruhen. Lesen Sie sie morgen und übermorgen erneut durch. Tragen Sie sie in sich, und achten Sie aufmerksam auch auf Zeichen in Ihrem Alltagsleben. Viele Situationen »sprechen« tagtäglich mit und zu uns und möchten uns »zeigen«, wie, wo und was wir eigentlich zu tun hätten und haben. Werden Sie also wachsam! Realisieren Sie, dass durch die verschiedensten Begebenheiten im Leben immer wieder Möglichkeiten der Auseinandersetzung mit sich selbst geboten werden.

Notieren Sie, welche Erlebnisse Sie während der Übung hatten. Wie haben Sie persönlich Ihren geistigen Helfer erlebt?

Bei einer Wiederholung der Übung ist es gut möglich, dass Sie Ihren inneren Helfer, Ihren Boten Gottes auf die gleiche Weise wahrnehmen. Es kann aber auch sein, dass er sich auf eine andere Art mitteilen möchte oder dass sich ein anderer geistiger Helfer bemerkbar macht. Sie sollten auch nicht den Mut verlieren, wenn Sie ihn einmal nicht wahrnehmen. Es ist nicht an uns zu bestimmen, wer wann zu uns kommt. Wir sind die Lehrlinge und nehmen die Anweisungen unseres Lehrmeisters kritisch an. Auch haben wir in der geistigen Welt unterschiedliche Helfer. Mit der Zeit, wenn wir dazu reif sind, lernen wir sie kennen und voneinander unterscheiden. Entscheidend ist, dass wir wissen, dass immer – in jeder Lebenslage – geistige Helfer um uns herum sind und uns als Schutzengel beistehen und uns auf unserem Lernpfad zur Weisheit begleiten. Wichtig ist, dass wir diese trotz aller irdischer Freuden nie vergessen.

Nachdem ich selbst persönlich im Laufe meiner eher rational betonten Jugend meine kindlichen geistigen Helfer aufgeben musste, ermöglichten mir die Malerei und die Musik »unbewusst« weiterhin verborgene Zugänge zu anderen Ebenen. Urplötzlich fand ich schließlich den »bewussten« Zugang.

Jede Übung kann auch leichte körperliche Symptome und Empfindungen hervorrufen – wie Wärmegefühl, Herzklopfen und Ähnliches mehr. Das sind natürliche Reaktionen auf die tiefe Entspannung und das Einstimmen auf Ihre feinstoffliche Energie, die sich mit regelmäßigem Üben von selbst auflösen. Sollten Sie sich trotzdem unwohl fühlen, denken Sie daran, dass Sie von sich aus jederzeit die Übung abbrechen können. Sie sollten jedoch mit einem geistigen Helfer besprechen, was Ihre körperlichen Empfindungen Ihnen mitteilen wollten.

Was ist der Sinn des irdischen Lebens?
Nichts anderes als
seelisch-geistige Entwicklung in der Materie!

Intuition und spirituelle Wahrnehmung

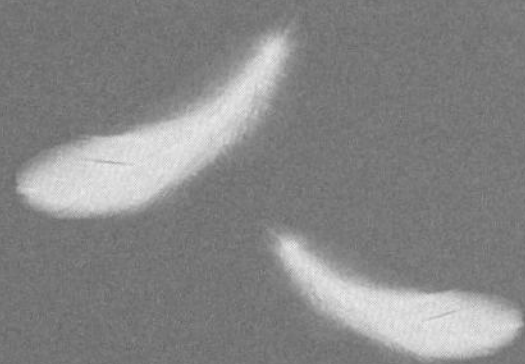

Die Entwicklung des sinnlichen Drahts zur geistigen Welt und vor allem die Bewusstwerdung der medialen Fähigkeiten, der fünf feinstofflichen, der außer- oder innersinnlichen Wahrnehmungsmöglichkeiten, trägt zu einem besseren Verständnis der nonverbalen Seelensprache bei. Visualisierungen, also geführte Bilder- oder Fantasiereisen, aktive Imaginationen, bringen uns in einem ersten Schritt dem Verständnis der Funktionsweise und der Bedeutung unserer inneren Stimme – oder unserer unsichtbaren Gedankenwelt – näher. Oder ertappen Sie sich etwa oft dabei, dass Sie nichts denken? Normalerweise erlebt das nur der geübte Yogi, der Zenmeister oder der konzentriert Meditierende. Eigentlich »denkt es« fortwährend in uns – und lernen wir nicht gerade dadurch bewusst unsere Intuition kennen? Intuition ist unmittelbares Erkennen und bedeutet, zu innerem Wissen, zu Informationen der Psyche, unserer Persönlichkeit sowie des größeren, höheren Selbst, der heiligen Dimension unseres Wesens zu gelangen. Wir werden innerlich und dadurch auch äußerlich freier.

Entwickeln Sie Ihre individuellen intuitiven,
medialen und heilerischen Fähigkeiten
und wenden Sie sie im Alltag an!

Nur mit dem Erwachen und dem Erkennen unserer geistigen Welt wird es zu einem späteren Zeitpunkt möglich, Intuition von Inspiration zu unterscheiden. In der Menschheitsgeschichte gab und gibt es immer diese zwei Arten, auf die Ideen geboren werden oder wegbereitende Erfindungen geschehen: eine Verbindung mit dem Großen Geist, dem im Stillwerden die Möglichkeit gegeben wird, sich mitzuteilen – oder der Gedankenblitz, der den trifft, dessen Verstand vor lauter Suchen übervoll ist und sich »ausschaltet«.

Inspiration und Eingebung geschehen
in völliger Ruhe und Stille –
oder in höchster geistiger Wachsamkeit.

Diese Eingebungen, die wir alle immer wieder – mehr oder weniger bewusst – erfahren, sind nichts anderes als unser sechster und siebter Sinn. Wir alle besitzen ihn und lassen uns durch diesen psychischen Kanal leiten.

Ich möchte die Medialität mit der Malerei, einer musikalischen Komposition oder der Schriftstellerei vergleichen: Alle drei Disziplinen können wir »handwerklich« erlernen – ob wir dann aber *auf Bestellung* ein Meisterwerk schaffen können, bleibt der höheren Führung überlassen. Es ist eine Gabe der Schöpfung, der Vorsehung und Fügung – des ZuFalls, die schließlich als Gnade erlebt wird.

In unserer westlichen Zivilisation stehen wir, bedingt durch die Vielfalt an esoterischen Informationen und die Qualität des Zeitgeistes, an einem Wendepunkt. Der Glaube ist keine gesellschaftspolitisch zwingende Kraft mehr – wie noch in vergangenen Jahrhunderten – und die Verbindung zur Natur, der Quelle aller Schöpfung, ist durch das Kontrollbedürfnis des westlichen Menschen durch den Verstand oftmals zu sehr überlagert, um echte Inspiration zu schenken. So verbleibt die Kraft des freien Willens und der dem Menschen innewohnende Drang nach Fortschritt, auf der Suche nach einem Weg aus Leid und Chaos.

»Leiden und Mut sind der Stoff für Romane, doch sie sind auch dasjenige Element, das die Geschichte interessant macht«, gibt Anthony Blake zu bedenken. »Es gibt tiefere und oberflächlichere Erfahrungen; unsere eigene Erfahrung vermischt sich mit der des Volkes, dessen Geschichte wir studieren. Ohne Erfahrungen ist Geschichte ein Schattenspiel.«

Über die Kommunikation mit höheren Dimensionen gelangen wir zur »Kommunion« mit unserem Schöpfer. Während in alten Kulturen dieser Weg nur wenigen Auserwählten zuteil wurde, haben wir heute die Möglichkeit, willentlich diese Richtung einzuschlagen, denn die Zeit ist reif und verlangt danach, die in uns schlummernden Sinne zu erwecken.

In der Auseinandersetzung mit Ihren spirituellen Anlagen lernen Sie die geheimnisvolle Welt der Fantasie, der Vorstellungen, Einbildungen,

Illusionen, Projektionen, Glaubenssätze, Eingebungen und der verborgenen Sinne kennen. Sie erleben und leben echte Spiritualität innerhalb der Realität. Sie lernen die verschiedenen Denkstrukturen und Bewusstseinsebenen von Körper, Ätherkörper und Aura kennen und erfahren »Unerklärliches«, das sich naturwissenschaftlich oft noch kaum nachweisen lässt. Ich bin überzeugt, dass auch die Erkenntnisse der heutigen Naturwissenschaft, der Philosophie, Psychologie und Religionswissenschaften sowie der Kunst eine Renaissance erleben müssen: Altes Wissen will mit neuesten Erkenntnissen ergänzt werden – wir kommen auf der Spirale des Fortschritts zur nächsten Drehung.

Sie können telepathische Informationen von anderen Menschen oder Wesenheiten durch die Energie Ihrer Aura erhalten, jener Ausstrahlung, die uns allen eigen ist – ob inkarniert oder nicht inkarniert. Die Kraft und Möglichkeit, die eigenen psychischen Energien sinnvoll zu gebrauchen, ist von Person zu Person verschieden. Man kann Informationen empfangen und interpretieren, Heilenergien vermitteln, Krankheiten und deren Ursachen diagnostizieren. Die einen sind sich vielleicht ihrer Medialität gar nicht bewusst und leben sie im künstlerischen Bereich aus, als Maler, Musiker oder Schauspieler. Die anderen gehen den Weg der zwischenmenschlichen Kommunikation und wählen Helferberufe oder engagieren sich als Politiker und Theologen.

In Krisenzeiten bietet sie uns eine große Hilfe, denn jedes Problem – ob physisch oder psychisch – wartet nur darauf, in seiner Ursache erkannt und gelöst zu werden. »Schwierigkeiten bringen Talente ans Licht, die bei günstigeren Bedingungen schlummern würden«, sagte Horaz. Müssen wir so lange warten? Oder sind Sie bereit, sich durch Unerklärliches, aber Erfahrbares zu neuen Ufern geleiten zu lassen? Mit der Entwicklung Ihrer fünf geistigen oder übernatürlichen Sinne lernen Sie Ihre innere Stimme bewusst kennen. Sie trainieren Ihre magische Kraft der Intuition, lernen mit fortschreitender Erfahrung, Ihre eigene Wahrheit sicher einzuschätzen und erarbeiten sich damit die Antriebskraft zu wollen – zu lassen oder zu tun: Die Motivation ist geboren und damit eine wichtige Entscheidungshilfe für Ihren Alltag.

Jeder von uns hat übersinnliche, mediale Anlagen –
Nutzen wir sie!

Dank der bewussten Kontaktaufnahme mit der anderen Welt, dank des Zwiegesprächs mit der inneren Stimme, lernen Sie die unsichtbare, psychische Welt kennen. Hell- oder medial Fühlen, Sehen, Hören, Riechen, Wissen – sie alle haben ihre Wurzeln in der geistigen Dimension und bleiben nicht nur einigen wenigen Auserwählten vorbehalten.

Wenn Sie schließlich noch die spirituelle, göttliche, alles lenkende Kraft erkennen, dann sind Sie wirklich bereit, sich über Ihre fünf medialen Sinne von diesen höchsten Seinsebenen *bewusst* führen zu lassen.

Die Widersprüchlichkeit, die Polarität unseres irdischen Daseins, erlangt erst dann ihren wirklichen Sinn, wenn wir diese dritte Kraft bewusst integrieren und beständig in unser Alltagsleben einfließen lassen. Nur mit dem Glauben an die geistige oder göttliche Führung, an das kosmische Prinzip, kann unser Leben in ein Gleichgewicht kommen – in eine natürliche Balance, zu Harmonie und Frieden. Die mystische Verschmelzung mit der höchsten Energie schenkt uns auch das Wissen um die Verbindung mit allem, was lebt. Unser Weltbild wandelt sich – hin zu einer nicht urteilenden, nicht wertenden, sondern zu einer einenden Sicht der Ganzheitlichkeit, in der sich alles und jedes in seiner Einzigartigkeit wunderbar ergänzt.

Horchen Sie in sich hinein –
werden Sie Mensch!

Wenn wir in die spirituelle, geistige Welt hineinhorchen, erhalten wir Einblick in die geistigen Gesetze, die uns zeigen, weshalb unser Leben »genau so« abläuft und nicht anders. Wir erfahren mehr darüber, was es heißt, sich wirklich selbst zu leben. Ein Weg wird uns gezeigt, der über die Erkenntnis der Programmierungen unserer Gedanken, Gefühle, unserer Glaubenssätze und Verhaltensmuster führt, der zeigt, wie diese verändert werden können und dadurch das eigene Leben neu aufgebaut werden kann. Zurück zum Anfang – zum Lebensthema, zur Auseinandersetzung mit unserer Lebensaufgabe. Das ist unser eigentliches Ziel. Und wir sollten uns nicht erst dann, wenn wir gestorben sind, auf diesen Weg begeben, sondern heute – in dem Moment, in dem wir uns auf uns selbst einlassen. Es gibt ein Leben vor dem Tod!

Erkennen Sie Ihre eigene Wahrheit –
lassen Sie sich auf sich selbst ein!

Wenn Sie das Wissen der geistigen Zusammenhänge in Verbindung mit den eigenen Erlebnissen bringen, beginnen Sie zu erkennen, dass die materielle Welt nur eine von vielen Ebenen ist, die einander berühren und durchdringen. Im Laufe Ihrer medialen Entwicklung lernen Sie die feinstoffliche Welt kennen. Dabei ist die Sprache der universalen Spiritualität anfangs noch relativ unverständlich, geprägt von unzusammenhängenden oder unklaren Visionen, zu vergleichen mit dem neugeborenen Kind, das sich auch über Jahre mit der Muttersprache auseinander setzen muss. Durch tägliches Üben Ihrer medialen Sinne lernen Sie jedoch, mit Ihrer ureigenen persönlichen Gedanken- und Gefühlssprache in Verbindung mit der großen Schöpferkraft immer sicherer umzugehen und so die Botschaften der geistigen Welt differenzierter zu entschlüsseln. Ihr sinnlicher Draht zur geistigen Welt erwacht.

Die Wahrnehmung mit diesen fünf »außer- oder innersinnlichen, medialen« Sinnen findet in unserer *Gedanken- und Gefühlswelt* statt. Die feinstofflichen Sinne sind in einer immateriellen Welt – in einer *unsichtbaren*, mit den normalen Sinnen weder riech- noch sicht-, tast- oder hörbaren Welt – beheimatet. Es ist dies die geistige Welt: *die menschliche Psyche in Verbindung mit dem geistigen Prinzip*, der Raum der inneren Stimme, der inneren Bilder, Vorstellungen und Fantasiewelten, die Ebene der geistigen Helfer oder Führer. Im inneren Dialog mit diesen werden wir die spirituelle Welt und ihre Sprache immer besser verstehen lernen: Die ureigene Symbolsprache, die Sprache der Bilder – die Erich Fromm die wichtigste Fremdsprache der Welt nennt – wird entdeckt, und durch sie bilden sich unsere Persönlichkeit und unser Bewusstsein.

Die Wahrnehmung mit den fünf medialen Sinnen ist der Wahrnehmung mit den fünf körperlichen Sinnen ganz ähnlich. Hierbei nehmen wir als Erstes genau wahr oder wir gehen von unseren bisherigen Erfahrungen aus. Anschließend hilft uns der Verstand, der Intellekt und/oder die Lebenserfahrung, Gefühle sowie die höhere Führung zu analysieren und zu verstehen. Dabei ist der Gebrauch unserer inneren wie äußeren fünf Sinne oft so selbstverständlich, dass uns selten bewusst ist, was wir eigentlich tun – was konkret passiert.

Die fünf medialen Sinne

Unsere Wahrnehmung umfasst die fünf physischen, die fünf psychischen sowie die fünf spirituellen – oder die fünf medialen Sinne. Uns allen ist die »irdische« Gefühlssprache vertraut, wobei unser physischer Körper mit seinen Augen und Ohren, seiner Nase, seinem Mund und dem Tastsinn die Umwelt wahrnimmt. Daneben setzen wir alle tagtäglich aber auch die medialen Sinne ein, was uns oftmals gar nicht bewusst ist. So können wir uns Situationen aus der spirituellen Welt bildlich vorstellen und sie uns im Lande der Fantasie ausmalen. Der Stoff, aus dem die Träume sind, will erforscht werden. Wir nehmen unsere innere Stimme wahr, hören auf unser Gewissen und auf den Teil in unserem Unterbewusstsein, der mit der höchsten Weisheit in Verbindung steht. Wir treten in Kontakt mit unserem Erinnerungsspeicher sowie mit Bewusstseinsimpulsen, die unmittelbar mit uns selber nichts zu tun haben und von außen, aus höheren Welten kommen.

Zu bestimmten Zeiten *wissen* wir schlicht und einfach plötzlich, was wir zu tun haben, oder wir *spüren* ganz genau, was richtig und was falsch für uns ist. Vielleicht *wittern* wir bereits eine herannahende Überraschung – zehn Meilen gegen den Wind.

Ich möchte Ihnen nun an dieser Stelle einen Überblick über die fünf medialen Sinne geben, die – wenn wir sie schulen – unsere Intuition im Wesentlichen ausmachen.

Hellfühlen / medial Fühlen

Von allen medialen Sinnen ist Hellfühlen am direktesten mit dem körperlichen Fühlen verflochten. Im physischen Körper ist der Solarplexus der Sitz vieler Nervenverbindungen. Wir alle kennen das plötzliche Unwohlsein, den Klumpen im Magen, Übelkeit, diverse beklemmende Gefühle im Bauch. Solche Erscheinungen sind oftmals nichts anderes als der Impuls einer feinstofflichen Schwingung, die wir in unserer Psyche wahrnehmen und die sich je nach Heftigkeit dann sogar in unserem physischen Körper niederschlägt.

Wir spüren ihn so sanft wie »Schmetterlinge« oder so stark wie einen Knoten in der Magengrube. Denken Sie einmal über Ihre Körpersprache nach: Kreuzen Sie nicht auch in einer Konfliktsituation zum Beispiel Ihre Arme vor dem Solarplexus, um sich geschützter und weniger verwundbar zu fühlen? Der Solarplexus ist der Sitz vieler Nervenendungen aus den benachbarten Organen und Drüsen und somit der Ort, an dem die spirituelle und die körperliche Welt zusammentreffen. Deshalb ist es wenig verwunderlich, dass unsere Magengrube ein so zentraler Empfangsbereich ist.

Wenn wir bewusst unser mediales Fühlen erleben wollen, so zapfen wir auf der Ebene der *psychischen* Medialität die energetischen Schwingungen um uns herum an. Dabei können sensitive Menschen sich nahezu »verlieren«, indem sie sich extrem in einen anderen hineinversetzen und nicht mehr unterscheiden, wo die Grenzen liegen, wer sie sind und wer der andere.

Was bringt uns die Gabe des medialen Fühlens? Nach Pete A. Sanders haben Menschen, deren besondere Begabung das mediale Fühlen ist, folgende Stärken:

- Sie sind am empfänglichsten für die Gefühle anderer,
- sie sorgen dafür, dass Leben und Arbeit sich angenehm und lebenswert anfühlen,
- sie sind flexibel und am anpassungsfähigsten,
- sie vertrauen ihren Gefühlen, und sie spüren, wenn etwas nicht in Ordnung ist,
- sie sind im Wahrnehmen von subtilen Signalen die besten.

Mediales Fühlen bewirkt auf der anderen Seite folgende Schwächen:

- Man neigt dazu, sowohl die positiven als auch die negativen Gefühle anderer Menschen aufzunehmen,
- sich damit medial zu überladen,
- man kann überemotional sein oder leicht von Gefühlen überwältigt werden,
- man ist schnell verletzt, wenn man die Gefühle zurückweist.

Hellriechen / medial Riechen

Dies ist eine spezielle Art des Hellfühlens, ein geistiger Geruchssinn. Beispielsweise erhielt eine Studentin einmal auf ihre Frage an den geistigen Helfer, was sie am besten für ihre chronische Nasenschleimhautentzündung tun solle, die Antwort in Form eines starken Geruches nach Meer und Salzwasser. Sie nahm die Botschaft an, inhalierte Salzwasser und wurde gesund.

Mediales Riechen erhöht den entsprechenden physischen Sinn, ermöglicht es aber auch, etwa Blumenduft, Zigarettenrauch etc. in der Vorstellung zu riechen, obwohl weder Blumen noch Raucher in der Nähe sind. Folgendes Erlebnis möchte Ihnen das veranschaulichen: Wenn ich als Medium arbeite, kommt es nicht selten vor, dass Verstorbene, die zu Lebzeiten starke Raucher waren, sich mit einer Zigarrenwolke in meiner inneren Wahrnehmung ankündigen. Auch Blumendüfte, spezielle Parfümnoten oder sonstige typische Gerüche können zum Erkennen eines Verstorbenen oder seiner Umgebung oder Tätigkeit beitragen.

Ich erinnere mich an ein lustiges Erlebnis mit dem medialen Riechen. Ich war einmal völlig in Eile, öffnete den Schuhschrank, um ein Paar Schuhe herauszunehmen – und erschrak fast, weil mir zu meiner Verblüffung – in meiner Einbildung eine starke Rauchwolke aus dem Schrank entgegenkam. Zuerst wusste ich nicht, was das bedeuten sollte, bis ich dann mittels meines sinnlichen Drahtes zur geistigen Welt eine Männerstimme hörte, die mir sagte, er sei der Onkel Hans von meiner Sekretärin gewesen, und wenn ich jetzt sowieso gerade zu ihr ginge, sollte ich ihr doch bitte das und das noch ausrichten. Außer seinem starken Zigarrenrauch bekam ich ihn innerlich noch kurz zu sehen, und als ich ihn dann meiner Sekretärin beschrieb, war das Erste, was sie sagte: »Ja, ja, der gute Onkel Hans. Der hat immer eine Zigarre im Mund gehabt. Vielen Dank für den geistigen Anstoß – der kommt gerade gelegen.«

Interessant ist hier zu erwähnen, dass immer in dem Moment, wo die geistigen Helfer erkannt werden und ich ihre Botschaft vermittelt habe, sich ihre verschiedensten Erscheinungsformen unmittelbar auflösen. Diese dienen also nur zu Erkennungszwecken.

Bei vielen Menschen ist das mediale Riechen relativ unter-, bei anderen sehr fein entwickelt. Gruppen von Menschen, die gemeinsam meditieren, nehmen manchmal, wunderschöne Gerüche wahr; auch ein geistiger Helfer kann sich als »Duftwolke« bemerkbar machen.

Folgende *Übung* lässt vielleicht auch Ihren medialen Riechsinn erwachen:

Wir stellen uns nach der Körper-Seele-Geist-Entspannung vor, wie wir mit geschlossenen Augen die frische Luft eines warmen Sommernachmittags tief einatmen. In unserer Fantasie machen wir einen Streifzug durch die Natur. Hier verschmelzen wir mit der ganzen Natur, wir werden eins mit der Harmonie hier draußen. In dieser Stimmung des Friedens begegnen wir wieder unserem geistigen Helfer.

Nachdem wir ihn herzlich begrüßt haben, begleitet er uns auf unserem Spaziergang – wir riechen das frisch gemähte Gras, das Heu, wir riechen die warme Erde, den kühlen Wald, die Rinde eines Baumes. Vom Duft einer ganz speziellen Blume lassen wir uns ins Land der Fantasie bringen, immer in Begleitung unseres geistigen Helfers. Er lässt eigens für uns ausgelesene Aromen jetzt zu uns strömen. Wir erleben verschiedene Düfte, die uns persönlich etwas mitteilen möchten. Im inneren Dialog mit unserem geistigen Helfer lassen wir uns jeweils beraten.

Wurden wir von Parfüms oder vielleicht von Bach-Blüten betört? Alle Anregungen nehmen wir dankbar mit – wir verlassen unsere Duftwelt und verabschieden uns von unserem Helfer, der uns mit einem speziellen Duft segnet. Wir schließen unsere Energiezentren und werden uns unseres Raumes und unseres Stuhles wieder bewusst. Langsam lassen wir unseren Körper erwachen.

Intuitives Wissen / medial Wissen

Das prophetische Wissen ist derjenige Sinn, der von allen fünf medialen Sinnen am schnellsten und feinsten arbeitet. Es ist eine innere Bewusstheit, die diesen Sinn ausmacht. Man *weiß* einfach. Solche Gedanken oder Geistesblitze »treffen« uns durch unser Scheitel- oder Kronenchakra, von dem aus eine direkte Verbindung zum limbischen System besteht.

Hellsehen / medial Sehen

Unser visuelles Bewusstsein verlagert sich auf unser inneres Auge, das auch »drittes Auge« genannt wird, unsere Vorstellungskraft, unsere Einbildungen und Fantasien. Hell- oder medial Sehen geschieht oft mit geschlossenen Augen – innerlich –, mit unserem geistigen Auge.

Wir kennen zwei Arten von Hellsehen: das Auralesen und den inneren Bild- oder Symbolempfang. Beim *Auralesen* wird das Energiefeld eines Lebewesens medial gesehen, d.h. wie mit einem »Röntgenblick« können die verschiedenen Bewusstseinsebenen oder feinstofflichen Körper geschaut, erfasst und je nach persönlicher Entwicklung analysiert und interpretiert werden. Diese Methode eignet sich zum Beispiel ergänzend zu Diagnosezwecken für Ärzte oder für das Erkennen seelisch-geistiger Verhaltensmuster für Psychologen, Psychiater und alle heilenden Berufe. Auch scheint mir dieser »Röntgenblick« im Alltag für alle Menschen ein wichtiges Hilfsmittel zu sein – so könnte er auch als möglicher Lügendetektor eingesetzt werden.

Beim *inneren Bild- oder Symbolempfang* erleben wir genau wie im Traum unterschiedliche visuelle Eindrücke – von den einfachsten geometrischen Formen über gängige Symbole bis hin zu ganzen

Bilderfolgen wie im Film. Bei dieser Form von »Eingebung« oder Inspiration können sich dem Medium die verschiedensten nicht inkarnierten Bewusstseinsimpulse auch als geistige Wesenheiten, beispielsweise als »Verstorbene«, zeigen. Der Sensitive nimmt solche Impulse ohne bewusstes Bemühen einfach wahr.

Ob Sie sich darüber im Klaren sind oder nicht, Sie haben bereits zahlreiche hellsichtige Erfahrungen in Ihrem Leben gemacht. Wenn Sie beispielsweise im Geiste etwas visualisieren, zapfen Sie telepathisch Ihre gespeicherte Bilderwelt an, und die Visionen, die erscheinen, sind hellsichtige Eindrücke.

Jedes Mal, wenn Sie träumen oder Tagträumen nachgehen, benützen Sie die flüchtig-telepathischen, emotionalen und mentalen Bilder des über- oder außersinnlichen Auges. Mediales Sehen ist also mit einem internen Fernsehbildschirm zu vergleichen, der Informationen und Bilder zeigt, die Ihren physischen Augen nicht zugänglich sind.

Viele Menschen üben mediales Sehen aus, ohne auch nur die geringste Ahnung zu haben, was sie eigentlich machen: Sie greifen spontan zum Telefonhörer, erkundigen sich bei einem Freund über sein Wohlergehen und finden es einfach amüsant, wenn dieser gerade die gleiche Idee hatte.

Wenn Sie anerkannt haben, dass auch Ihnen das mediale Sehen nicht ganz fremd ist, besteht der nächste Schritt darin zu lernen, wie Sie die »eingegebenen« Bilder richtig zuordnen, zwischen eigenen oder »anderen Bewusstseinsteilen und -welten« richtig unterscheiden, diese sinnvoll deuten und kontrollieren können.

Hellsichtigkeit ist die begehrteste mediale Fähigkeit – weil sie uns und andere vielleicht am meisten verblüfft. Wichtig zu wissen ist nur, dass sie keinesfalls die höchste und letzte in der medialen Entwicklung darstellt. Dieses psychische Sehen geschieht dank unserer Vorstellungskraft, Einbildung, kreativen Fantasie und dank der Entwicklung des dritten Auges, das sich in der Mitte der Stirn – in unserem feinstofflichen Astralkörper – befindet und sich ständig von unserer eigenen Psyche sowie von anderen Astralkörpern, Bewusstseinswelten oder Energieteilen inspirieren lässt. Mit unseren physischen Augen ist dieses geistige Auge, das wir alle haben, nicht sichtbar – Sie alle aber besitzen dieses Energiezentrum, ob Sie es »sehen« oder nicht.

Oft sehen wir zu Beginn Bilder, die sich auf das Astrale, Mentale, Kausale, die Zukunft oder Vergangenheit oder die eigene Psyche beziehen; wenn wir alleine üben und meditieren, fühlen wir uns leicht verunsichert: Wer hilft, in diesem Meer der verschiedenen Möglichkeiten klar zu sehen? Eine Patentlösung gibt es nicht, aber auch das begabte oder sogar dazu geborene Medium sollte nie vergessen, an sich selber immer wieder nicht nur Bewusstseinserweiterung zu trainieren, sondern ebenso die Persönlichkeit zu entwickeln. Zu leicht könnten einem sonst gravierende Deutungs-, Interpretations- oder Einbildungsfehler unterlaufen.

Eindrücke und Visionen empfängt das spirituell arbeitende Medium von seinen Schutzengeln oder geistigen Helfern mit der gleichen Seelenschwingung. Diese wiederum können sich von noch höheren Bewusstseinsteilen inspirieren und leiten lassen. So hoffen wir, dass wir mittels unserer Hellsicht eines Tages selber Einblick in diese uns vielleicht jetzt noch verschlossenen Dimensionen erhalten. Wie anders als durch Inspiration aus höheren Bewusstseinsebenen oder von höheren Intelligenzen sind bedeutende Erfindungen, unvergängliche Kunstwerke usw. entstanden? Die bildende Kunst ist von solcher Vortrefflichkeit, dass sie sich nicht nur den Erscheinungen der Natur zuwendet, sondern unendlich viel mehr Erscheinungen als die Natur hervorbringt, meinte einmal Leonardo da Vinci.

Mit der bewussten weiteren Entwicklung der persönlichen hell-oder medial seherischen Fähigkeiten werden einem Medium immer mehr Einzelheiten nicht nur über die eigene Psyche, sondern auch über andere Menschen, über bestimmte Lebenssituationen geistiger Freunde, offenbart, und die erfühlten Informationen können hellseherisch immer klarer erfasst werden.

Jeder Mensch besitzt diese Fähigkeit des medialen Sehens – nicht jeder hat aber die gleichen natürlichen medialen Fähigkeiten mit in die Wiege gelegt bekommen oder bereits in vergangenen Leben seine Anlagen entwickelt.

Wie bereit die Hellsicht ist, aus dem Unterbewusstsein aufzusteigen, ist eine andere Frage. Bei einigen Menschen liegt sie nahe an der Oberfläche, bei anderen dagegen so tief, dass die Zeit, die nötig wäre, um sie ins Wachbewusstsein zu bringen, besser für anderes genutzt wird – alles zu seiner Zeit.

Auch das mediale Sehen ist eine göttliche Gabe, die grundsätzlich jedem gegeben ist. Wie beim Klavierspielen wird aber nicht jeder ein

Klavierlehrer oder Konzertpianist. Alle Begabungen sind göttlicher Natur, Geschenke Gottes oder Fähigkeiten unseres göttlichen Funkens, die auf unserem Entwicklungsweg entdeckt, entfaltet und letztlich als möglichst reiner Geist wieder gelebt werden wollen.

Was bringt Ihnen das mediale Sehen?

Pete A. Sanders meint über Menschen im Alltagsleben, deren Stärke das mediale Sehen ist, Folgendes: Sie sind ausgezeichnet darin, alle Faktoren in einen Gesamtplan zu integrieren. Sie sind gut bei der Lösung von visuellen und räumlichen Problemen (Packen, Möbel anordnen, etc.) und können problemlos erkennen, wenn etwas nicht in Ordnung ist. Sie können sich Situationen, Probleme und Lösungen im Geiste vorstellen, und sie haben einen sehr guten Zeitsinn und können gut mit Kalendern planen. Sie haben auch einen sehr guten Orientierungssinn und können sich mit einer Landkarte gut zurechtfinden. Außerdem sind sie überragend darin, Farben harmonisch zusammenzustellen, und sie halten die Welt für optisch interessant.

Eine Schwäche kann in Starrheit und fehlender Flexibilität bestehen. Häufig handeln Hellsichtige nicht, bevor sie nicht den Überblick haben.

Sie machen sich von allen medialen Typen die meisten Sorgen, indem sie sich alles vorstellen, was schief gehen könnte, und sie können einen Hang zur Perfektion haben. Sie sind sehr selbstkritisch, weil sie ihre Fehler mehr betonen als ihre Stärken.

Wenn sich herausstellt, dass Sie natürlich hellsichtig begabt sind, werden Sie verstehen lernen, warum Sie die Neigung haben, in Bildern zu denken und warum Sie so häufig eine Entscheidung »sehen« müssen, bevor Sie sie fällen.

Mit folgender Übung können Sie sich Ihren hellsichtigen Fähigkeiten annähern und mit ihnen anfreunden:

Entspannen Sie sich wie üblich, schenken Sie sich Zeit, und genießen Sie die äußere und dadurch erwachende innere Ruhe und Harmonie. Atmen Sie dreimal tief ein und aus, entspannen Sie Ihr Denken und Fühlen, erleben Sie bewusst, wie Ihre Gedanken immer langsamer und ruhiger werden – wie Wolken am Himmel immer langsamer vorbeiziehen. Sie haben keine Erwartungen mehr. Immer tiefer sinkt Ihre Ruhe, auch Ihr physischer Körper entspannt sich immer besser.

In Ihrer Vorstellung denken Sie sich mit Ihrem Bewusstsein jetzt an einen schönen Strand am Meer. Der Himmel und das Wasser sind stark blau. Tief erfüllt diese Farbe Ihr ganzes Wesen – noch ruhiger werden Sie und ganz eins mit der Natur um Sie herum. Hier in dieser angenehmen Schwingung werden Sie wieder Ihres geistigen Helfers gewahr, der Sie auch heute für eine wichtige Erfahrung begleiten möchte.

Sie erinnern sich jetzt an den Meeresstrand – eine fröhliche Sommerstimmung liegt vor Ihnen, und von weitem beobachten Sie viele badende Leute in farbigen Badekleidern, bunte Sonnenschirme spenden ihnen Schatten. Ihr geistiger Helfer führt Sie jetzt an ein ruhiges Plätzchen hinten bei den Dünen, ein wenig abseits vom Badebetrieb. Sie machen es sich dort bequem und dürfen sich nun auf eine Überraschung freuen. Ihr geistiger Helfer hat für heute nämlich einen Gast eingeladen, der sich langsam für Ihr inneres Auge zu materialisieren beginnt und immer klarer sichtbar wird.

Je besser Sie diesen jetzt hellseherisch wahrnehmen können, umso klarer entdecken Sie, dass es sich bei diesem Gast um einen Kunstmaler, genauer um einen Porträtisten, handelt. Dieser Fachmann setzt sich jetzt neben Sie auf seinen kleinen Klappstuhl, nimmt seine Malutensilien und Papier hervor und beginnt, für Sie ganz allein ein Porträt zu kreieren. Mühelos schauen Sie ihm über die Schultern zu und beobachten ihn, wie er zu zeichnen beginnt. Vielleicht beginnt er bei den Augen, der Nase, dem Mund – beobachten Sie, wie sich ganz langsam und ruhig unter seiner sicheren Zeichnungshand ein Gesicht zu formen und zu gestalten beginnt. Es nimmt immer mehr Form an, und während seiner Arbeit wird Ihnen bewusst, dass es sich hier nicht um einen ganz gewöhnlichen Porträtisten handelt, sondern um ein Mal-Medium, das speziell für Sie hierher gekommen ist und Ihnen einen Gruß aus der geistigen Welt vermitteln möchte, und zwar von jemandem, den Sie vielleicht sogar einmal zu Lebzeiten persönlich gekannt haben, der jetzt aber in der geistigen Welt weiterlebt oder eben »gestorben« ist.

Erkennen Sie die Gestalt auf dem Porträt? Wenn ja, freuen Sie sich, wenn nein, bitten Sie Ihren Porträtisten telepathisch, er solle Ihnen doch bitte Initialen oder gar den Namen dieser ehemaligen Person, Geburtstag, Wohnort, Beruf etc. dazuschreiben, damit Sie anhand möglichst vieler Anhaltspunkte anschließend abklären können, wer aus der feinstofflichen Welt sich durch dieses Malmedium materialisieren wollte. Vielleicht schreibt Ihnen Ihr Maler noch den Namen auf das Papier – merken Sie sich alles, bedanken Sie sich für dieses künstlerische Werk, und verabschieden Sie sich beim Mal-Medium.

Ihr geistiger Helfer begleitet Sie jetzt mit Ihrem Porträt, das Sie als Geschenk bekommen haben, von der Düne zurück ans Meer. Sie sehen, dass die Sonne schon bald untergeht und der Strand sich geleert hat. Dankbar und mit neuen Anregungen verabschieden Sie sich bei Ihrem geistigen Helfer. Lenken Sie Ihr Bewusstsein auf Ihren physischen Körper, und wecken Sie ihn sanft wieder auf.

Erkennen Sie das Gesicht auf Ihrem Porträt? Wenn ja, wollte Ihnen Ihr Mal-Medium ein Weiterleben nach diesem Leben beweisen. Freuen Sie sich, und wiederholen Sie später vielleicht diese Übung noch einmal. Bitten Sie ein anderes Mal Ihr Mal-Medium, es möge Ihnen ein Porträt zeichnen für einen Bekannten. Viel Glück! Wenn Sie mit dem erhaltenen Porträt noch nichts anfangen können, merken Sie sich die Einzelheiten trotzdem – vielleicht ergibt sich nach späterer Recherche plötzlich ein Aha-Erlebnis ... wer weiß?

Alles in der Welt ist merkwürdig und wunderbar
für ein paar wohlgeöffnete Augen.

Hellhören / medial Hören

Hellhören bedeutet nichts anderes, als innerlich zu hören, vielleicht einen Ton, Worte oder Redewendungen. Über den Dialog mit den Stimmen unserer Psyche hinaus – dem inneren Kind, den Eltern oder anderer Wegbegleiter – vernehmen wir klare Botschaften, die über unsere individuelle Persönlichkeit hinausgehen. Oft wird uns deren Wert erst klar, wenn wir sie überhört haben. Auf der Stufe der Inspiration ist das Hellhören mit dem Hellwissen verwandt.

Erwarten Sie jedoch keinen Dialog! Lernen Sie zuerst, dank Ihrem Raum der Stille, den Sie sich kreieren, bescheidene Geräusche in Ihrer Erinnerung wachzurufen, damit Sie mit der Zeit Vorstellungen hören lernen. Sehr geeignet als Übungsfeld ist hier unser Alltag. Wenn Sie das nächste Mal den Zug verpasst haben, ärgern Sie sich bitte nicht! Setzen Sie sich auf eine Bank, schließen Sie die Augen, öffnen Sie Ihre Ohren, und nehmen Sie bewusst die verschiedenen Geräusche wahr. Erkennen Sie sie?

Gönnen Sie sich die Zeit, auch auf Ihre innere Stimme zu hören. Wann haben Sie bewusst Ihrem Ge-Wissen zugehört? Vertrauen Sie dieser Stimme, und lernen Sie diese jetzt bewusster kennen. Können Sie Musik oder andere Klänge hören, für die es keine feststellbare physikalische Quelle gibt, die aber bestimmte Gedanken oder Gefühle erwachen lassen? Bleiben Sie immer mit beiden Füßen auf dem Boden, und vergessen Sie nie, dass Ihr Verstand und Ihre intellektuellen Fähigkeiten Ihnen gerne mit einer kritischen Auseinandersetzung zum innerlich Gehörten beistehen. Wir sind der Herr und Meister auch unserer inneren Stimmen – wir haben die Freiheit, uns verantwortungsvoll unserem akustischen Gewissen zuzuwenden.

Pete Sanders definiert bei Menschen im Alltag die Gabe des medialen Hörens unter anderem folgendermaßen: »*Als Stärken* können sie hören, wenn sie jemand anlügt und können am besten Gedanken übertragen. Sie neigen am wenigsten zu medialer Überladung und sind direkte, unkomplizierte Initiatoren. Sie sind exzellente Organisatoren im Detail und sind darin die Besten, bestimmte mediale Informationen zu erhalten und zu verstehen. *Schwächen/Worauf man achten muss:* Sie können Ihr mediales Potenzial anzweifeln und sich auf ASW herausreden. Sie können überanalytisch sein und zu viele Fragen stellen, zu stark auftreten und zu viel mentale Energie ausstrahlen. Sie können Schwierigkeiten damit haben, Gefühlen und ihrer Intuition zu vertrauen, und sie können am wenigsten sensibel für mediale Feinheiten sein.« (Pete Sanders, Geheimnisse der übersinnlichen Wahrnehmung, Aitrang 1991, S. 119)

Mit folgender Übung können Sie sich Ihrer hellhörigen Fähigkeiten bewusst werden:

Wir schließen wieder unsere Augen und entspannen unseren Körper. Auch unsere Seele und unser Geist erholen sich in dieser Ruhe und nehmen die göttlichen Ur- und Heilenergien tief in sich auf. Wir schließen wieder den blauen Vorhang und stellen fest, dass sich auch unser Gehör so entspannt, dass alles, was wir noch hören könnten, uns nicht mehr interessiert, der Alltagslärm immer weiter und weiter von uns weggeht und uns immer weniger beeinflusst und stört.

Stellen Sie sich jetzt ein Radiogerät vor. Schalten Sie dieses an, und stellen Sie die Lautstärke so ein, dass es sich für Ihr inneres Ohr angenehm anfühlt. Ihr geistiger Helfer gesellt sich zu Ihnen, und in aller Geborgenheit freuen Sie sich auf das bevorstehende gemeinsame Erlebnis. In dieser Ruhe ertönen jetzt Kirchenglocken, wie sie den Sonntagmorgen einläuten. Ein weiteres Geräusch können wir vernehmen, und zwar stellen Sie sich vor, wie es tönt, wenn jemand nach Hause kommt und den Schlüsselbund in der Tasche sucht, wie der Schlüssel im Türschloss gedreht wird, wie die Türe aufknackt. Hören Sie das Quietschen der Türe und wie sie im Schloss zuschnappt? Hören Sie, wie jemand mit Absatzschuhen über den Parkettboden stöckelt, wie jemand einen Wasserhahn aufdreht und Wasser heraussprudelt. Wie tönt es, wenn jemand einen Apfel schält, einen Bleistift spitzt, eine Gitarre spielt? etc.

Ihr geistiger Helfer sucht für Sie jetzt einen neuen Sender. Lassen Sie sich überraschen. Sollte Ihnen der Sender nicht passen, wählen Sie einen anderen.

Wenn dem Empfang nichts im Wege steht, werden Sie jetzt vielleicht eine angenehme geräuschvolle Überraschung erleben: einen Ton, Ihre Lieblingsmusik, ja vielleicht sogar eine ganze Symphonie?

Es wird langsam Zeit, die erste Erfahrung mit dem Hellhören abzuschließen. Schalten Sie ganz bewusst das Radio aus, und genießen Sie für einen Moment die einkehrende angenehme Stille und Ruhe. Ihr geistiger Helfer verabschiedet sich nun wieder. Öffnen Sie den blauen Vorhang, und erinnern Sie sich wieder an Ihren Körper …

Konnten Sie sich all diese Geräusche in Ihrer Fantasie oder Ihrer Vorstellung akustisch vorstellen? Dann haben Sie die besten Voraussetzungen, um mit dem Hellhören weiterzutrainieren.

Durch den geistigen Kontakt zu einem Medium werden Botschaften übermittelt und als Sinneswahrnehmung erfahren. Sie nehmen Gestalt an, damit wir die feinstoffliche Welt nicht nur wahrnehmen, sondern auch mit ihr in Kontakt treten können. Jeder, der die feinstoffliche Welt wahrzunehmen gelernt hat, wird lernen, das medial Gehörte, Gesehene, Gefühlte auch zu interpretieren – in der Hoffnung, dass die Dechiffrierung gelingt und beispielsweise »ein Weiterleben nach dem Tod« empirisch bewiesen werden, »ein Gruß von drüben« oder sogar eine Botschaft überbracht werden kann. Ein Kontakt zur geistigen Welt wird über das Medium hergestellt – eine Kommunikation wird möglich. Zunächst unverständliche Symbole aus anderen Welten können in verschiedene Bezüge zum Hier und Jetzt, in die reale, äußere irdische Welt gebracht werden.

Mit der Zeit verschmelzen die medialen Fähigkeiten, d.h., medial fühlen, medial sehen und medial hören gehen ineinander über.

Übrigens bietet uns dazu auch unser Alltagsleben gute Vorübungen:

- Fühlen Sie wieder bewusst mit, wenn Ihnen jemand eine Geschichte erzählt – ohne Mitleid zu haben!
- Hören Sie wieder bewusst Radio – oder anderen Menschen zu, ohne mit Ihren Gedanken abzuschweifen!
- Schauen Sie bewusst Fernsehen oder Bilder an, ohne bereits an die Fortsetzung zu denken!

Eine der besten Übungsmöglichkeiten ist das regelmäßige Fühlen, Sehen, Hören, Riechen und Wissen von Stille. Völlig frei und unabhängig sollten Sie jeden Tag – lassen Sie sich am besten inspirieren, wann – regelmäßig, immer mehr oder weniger zur gleichen Zeit meditieren – in die Stille gehen, auf die Reise nach Innen in die geistigen Welten. Seien Sie gewiss: Ihre geistigen Helfer freuen sich sehr darüber, Sie mit außer- oder übersinnlichen Gefühlsvisionen, Einbildungen und Vorstellungen zu inspirieren. Auch gewöhnen sie sich gerne an Regelmäßigkeit, selbst wenn es jeden Tag am Anfang nur fünf, später vielleicht zehn Minuten sind. Wichtig ist, das gewohnte »Rendez-vous« rituell in Ihrem Rhythmus abzuhalten. Wo genau, an welchem geistigen Arbeitsplatz, in welcher Landschaft Sie sich auf Ihr inneres Zwiegespräch einlassen und konzentrieren, spielt keine Rolle. Gott ist direkt in Ihrem Herzen zu finden. Er freut sich, als Intuition und Inspiration mittels Ihres sinnlichen Drahtes zur geistigen Welt immer wieder einen neuen Schlüssel zur persönlichen Freiheit vermitteln zu können. Behalten Sie immer den nötigen Humor, Freundlichkeit und Liebe gegenüber allem, was Sie erleben, vertrauen Sie Ihrer inneren Stimme, bis Sie gefühlssicher mit Ihrer nonverbalen, symbolischen Kommunikation werden und zwischen Einbildung und Eingebung unterscheiden lernen.

Entfalten Sie Ihre spirituelle Wahrnehmung – eine Übung

Suchen Sie sich einen ungestörten Platz, machen Sie es sich bequem und lassen Sie sich vom gelesenen Text gleichzeitig auch in Ihrer Parallelwelt anregen. Merken Sie sich alles, was Ihnen während dem Lesen ein- und zufällt – reflektieren Sie am Ende der Übung alle Ihre Eindrücke:

Körper-Seele-Geist entspannen sich:

- *unser physischer Körper entspannt sich – alle Verspannungen lösen sich auf –, wir genießen die angenehme Ruhe – innen wie außen ...*
- *Unsere Gedanken und Gefühle beruhigen sich, wir atmen alle Erwartungen tief aus, Zweifel, Sorgen und Unsicherheiten lösen sich auf, wie ein Stück Zucker im heißen Tee – unsere Innenwelt fühlt sich immer ausgeglichener an, so dass jetzt*
- *die Schöpferkraft des Großen, ewigen Geistes, die größte Kraft im Universum, die sich uns als licht- und liebevolle Energie vorstellen und die wir immer besser wahrnehmen können, unser ganzes Wesen – alle unsere Bewusstseinsschichten – mit ihrer ewigen Lebenskraft durchströmen. Es wird jetzt ruhig in uns und um uns ...*

Jeder verbindet sich auf seine eigene Art und Weise mit dem Großen Geist und weiß sich dadurch als Einheit und geborgen in Harmonie, geschützt in Frieden und geführt von der Schöpferkraft.

Wir werden uns unserer Kräfte bewusst, unserer individuellen Vorstellungskraft, unserer ganzen Fantasie oder Imaginationsfähigkeit, unserer Gedankenkraft – die zweitmächtigste Kraft, die der Menschheit zur Verfügung steht –, denn es ist unser kreatives Denken, das der Mensch seinem persönlichen Bewusstseinsstand gemäß selbstverantwortlich innerlich immer wieder neu mit alten Erinnerungen verknüpft und dadurch neue Ideen kreiert, um sich entsprechend nach außen auszudrücken und sie im praktischen Alltag zu verwirklichen. Oder anders formuliert: Es ist unsere Gedankenkraft, die – nach der universalen Urkraft der Liebe und des Lichts – als wichtigste Kraft der Menschheit zur Verfügung steht.

Angenehm warm fühlt sich die erwachende Stille an – geborgen und getragen fühlen wir uns in ihr –, geschützt vor dem Alltagslärm können wir uns immer besser auf unser Inneres konzentrieren, in uns hineinfühlen und hineinlauschen . . . unsere inneren fünf medialen Sinne erwachen . . .

Wie an einem neuen Morgen, wenn der Tag erwacht, erleben wir uns in unserer Fantasie auf einem angenehmen Spaziergang über Felder und durch Wälder wandernd . . . Welche Jahreszeit nehmen wir wahr? Erleben wir uns warm gekleidet an einem kalten Wintertag über knirschenden Schnee spazieren oder genießen wir die warmen Sonnenstrahlen eines schönen Sommertages auf unserem Gesicht, unseren nackten Armen und Beinen? Herrscht Tag oder Nacht über und um uns? Wie fühlt sich in unserer Vorstellungswelt der Boden unter unseren Füßen an, auf dem wir spazieren gehen? Weich? Hart? Steinig? Sandig? Auch unser inneres Riechen erwacht und wir nehmen die ganze Atmosphäre – alle

Düfte, spezielle Gerüche der Landschaft in uns auf: Was kommt uns dazu in den Sinn? Auch unser inneres Hören erwacht: Welche besonderen, jetzt gerade ganz intensiven Geräusche nehmen wir wahr? Fast gleichzeitig beginnen wir immer deutlicher und klarer die nähere und weitere Umgebung zu sehen: Ruhig halten wir inne – ruhig bleiben wir stehen. Genau beobachten wir den Horizont: Könnten wir ein Bild von ihm malen? Welche Farben und Formen herrschen vor?

Für einen kurzen Moment genießen wir hier einfach das Sein. Von guten Kräften lassen wir uns auftanken und stärken – wir regenerieren hier durch die Stille der Natur und lassen uns mit jedem Atemzug von der göttlichen Heilkraft der Liebe und des Lichts »passiv-aktiv« aufladen und auftanken ... Unsere Selbstheilungskräfte suchen Ausgleich und Harmonie und wir genießen die Verbundenheit mit der großen Schöpferkraft.

Es wird langsam wieder Zeit, regeneriert und gestärkt diese esoterische, innere Welt zu verlassen. Wie am Abend, wenn die Sonne untergeht, genießen wir die angenehme Dunkelheit. Wie ein schützender Mantel entfaltet sich die göttliche Urkraft der Liebe und des Lichts und legt sich um uns. All unsere medialen Sinne schlafen jetzt ein – alle inneren Visionen und Wahrnehmungen lösen sich auf –, zurück bleibt eine eindrucksvolle Erinnerung an unseren geistigen Spazier-

gang durch die Natur, während einer bestimmten Jahreszeit, mit seinem speziellen »Horizont« . . . Sorgfältig und bewusst schließen wir symbolisch die Türen zur esoterischen Innenwelt hinter uns zu und öffnen jetzt ruhig wieder die Türe in die physische, materielle, äußere, exoterische Sinnes-Welt. Unsere fünf physischen Sinne erwachen wieder, wir hören den Alltagslärm um uns, wir riechen den Duft unseres Meditationsraumes, wir öffnen die Augen und sehen wieder unsere gewohnte Umgebung der exoterischen Welt. Mit Leichtigkeit erinnern wir uns an unseren Alltag, ans Hier und Jetzt. Unser physischer Körper erwacht und wir fühlen uns fit und entspannt.

Während der Reflexion des Geträumten versuchen wir Brücken zum Alltag zu schlagen: Was können wir lernen – was will uns unsere besondere Landschaft, unser Horizont, die Tages- oder Nachtzeit symbolisch deutlich, ja bewusst, machen?

Erkennen Sie Ihre medialen Fähigkeiten

Bei der medialen Wahrnehmung wird bislang Unbewusstes plötzlich bewusst. Im wahrsten Sinne des Wortes sehen wir hinter die Kulissen. Obwohl die Wissenschaft bis heute nicht recht weiß, wie mediale Botschaften verarbeitet werden, können wir sie doch täglich empfangen und im Alltag anwenden. Nur: Wir müssen es merken, realisieren, uns dessen gewahr sein. Jeder geistige Impuls ist als ein Schlüssel zu neuen Erfahrungen zu betrachten. Oft weiß man nicht, was man damit aufschließen soll: Geheimnisse? Illusionen? Sehnsüchte? Wunschvorstellungen? Täuschungen? Projektionen? Botschaften aus der Geistigen Welt? Glücklich aber ist der engagiert Suchende, der irgendeinmal das passende Schlüsselloch findet – wenn das Tor zu neuen Erkenntnissen selbst geöffnet werden kann.

Intuition ist Ihr Schlüssel zur eigenen Psyche –
öffnen Sie das Tor zur Selbsterkenntnis.

Natürlich stellt sich die Frage, weshalb sich bewusste, mediale Wahrnehmung nicht bei allen Menschen beobachten lässt. Die medialen Anlagen sind zwar erlern- und entwickelbar, sie bleiben jedoch ein schöpferischer Akt und sind deshalb nur schwer empirisch nachweisbar. Auftauchende Zweifel und Unsicherheiten veranlassen uns zu der Frage: Wo beginnt die Einbildung, wo hört die Vorstellung oder Fantasie auf? Tatsächlich müssen alle seelischen Erinnerungen, die in uns schlummern, durch eine entsprechende Resonanz oder Schwingung nur einen Impuls bekommen, und schon beginnen wir zu denken, um Verständnis zu ringen, zu forschen, was nichts anderes heißt als zu kreieren, schöpferisch zu sein. Deshalb erscheint es mir wichtig festzuhalten, dass in uns gespeicherte Wunschträume, Erinnerungen und Wissen aus verschiedenen Quellen wie Filmen, Literatur etc. ständig präsent sind und auf ähnliche Weise wahrgenommen werden wie das, was aus dem Kontakt zu anderen Bewusstseinsteilen erwächst. Diese

Kreativität, die sich je nach persönlicher Veranlagung eher hell- oder medial fühlend, -sehend, -hörend, -riechend oder -wissend äußert, macht es uns schwer, exakt zwischen der eigenen Information – von uns und an uns – sowie den Einflüssen, die von fremden Bewusstseinswelten oder anderen Daseinsebenen stammen, zu unterscheiden.

Gerade sehr rational denkende Menschen werden immer Zweifel an der Kraft der Intuition aussprechen. So hatte ich einen Seminarteilnehmer – ein Mathematiker –, der von Anfang skeptisch war und dies auch immer offen zeigte, indem er lachte und die Inhalte nicht ernst nehmen konnte. Bei einer Übung teilte ich farbige Karten aus, die von jedem Seminarteilnehmer blind gezogen wurden. Schließlich sollten sich alle Teilnehmer auf die Karten setzen. Ich bat den Mathematiker, zu beschreiben was er intuitiv verspürt und was er sieht. Seine Antwort lautete, er sehe nur schwarz – in diesem Moment wusste ich sofort, dass diese Aussage richtiger war, als es ihm bewusst war: die Karte war tatsächlich schwarz. Dieses intuitive Erlebnis rief eine grundlegende Veränderung in der Einstellung des Skeptikers hervor und verhalf ihm zu einem neuen Umgang mit sich selbst.

Schenken Sie Ihren Gefühlen und Gedanken
bewusste Aufmerksamkeit –
so entwickeln Sie Ihre Intuition.

Unser irdischer Körper dient unserem Geist als Tempel und uns – als zeitlosen und unvergänglichen Wesen – als Gefährt(e) durch unser jetziges Leben. Der Geist ist also der Herr und der Körper sein Diener. Er ist jener Teil unseres Selbst, der unsterblich ist.

Ist dies nicht derselbe Geist, der das ganze Weltall erdacht, erschaffen und gestaltet hat – und noch immer gestaltet? Besitzen wir nicht im Kleinen, in unserem Mikrokosmos, all die unbegrenzten Fähigkeiten des Großen Geistes, den wir Gott nennen? Wenn wir dieser göttlichen Kraft erlauben, an die Oberfläche unseres Bewusstseins zu gelangen und unser Leben zu leiten, erkennen wir, dass nichts in unserer Welt geschehen kann, dem wir nicht gewachsen sind. Alle Sorgen, Ängste, Zweifel verwandeln sich im Licht dieser Erkenntnis und Qualen werden verbannt oder erlösen sich. Dieses Vertrauen ist es, das wir lernen müssen.

Sobald wir dies als Wahrheit erkennen und akzeptieren, kann das Göttliche in uns erwachen, und unser inneres ewiges Licht kann immer stärker und größer werden, und durch alle Regenbogenfarben unserer Psyche hindurch erstrahlen, bis es keines physischen sowie psychischen Körper mehr zu seiner Entwicklung bedarf. Die Persönlichkeit hat innere sowie äußere Reife erlangt und ist dadurch im Gleichgewicht. So wie die Blume aus der dunklen Erde dem Licht entgegenstrebt, ist es auch mit dem seelisch-geistigen Bewusstsein, wenn es sich entfalten darf. Wie die Blume wächst auch das Bewusstsein im Stillen; Geduld und stete Pflege bringen die Blüten des Individuums zur vollen Entfaltung. »Alles, was existiert, ist verbunden, hat ein gemeinsames Ziel, einen gemeinsamen Atem. Pflanzen, Tiere, Felsen und Menschen atmen. Erdmutter Natur ist der sichtbar gewordene Atem des Schöpfers«, sagte einmal ein Cheyenne-Arapahoe-Indianer.

Für uns Menschen ist es schwierig, die wahren Beziehungen zwischen Seele, Geist und Körper klar zu sehen. Schließlich leben wir in der materiellen, physisch sowie psychisch feinstofflichen, begrenzten Welt, und so mögen wir uns fragen, wo genau sich denn eigentlich Seele und Geist befinden? An einem bewölkten Tag erahnen wir wohl die Sonne hinter der Wolkendecke, ihre Strahlen kommen aber nicht immer sicht- und fühlbar zu uns durch. Wir lassen uns leicht entmutigen und vergessen – symbolisch gesehen – das Licht und die Liebe, die uns im göttlichen Plan unfehlbar leiten. Das geistige Licht wirkt aber weiter fort, so wie schließlich auch die Sonne immer weiter scheint, auch in der Nacht. Dieses geistige Licht verhindert, dass wir auf unserem Entwicklungsweg straucheln. Wir werden zu diesem zurückgeführt, wenn wir von ihm abweichen, damit wir auf einem der vielen Pfade, die zum Großen Geist hinführen, weiterwandern können, bis wir uns selbst erlösen und wieder ganz in den göttlichen Geist eintauchen, um immer besser aus diesem heraus als Mit-Schöpfer wirken zu können.

Schenken Sie sich ein Lächeln – eine Übung

Ziehen Sie sich an einen ruhigen Ort zurück, an dem Sie ungestört sind. Es gibt nichts Besonderes zu beachten – Sie brauchen nur die Bereitschaft, etwas Zeit zu investieren. Bereits wenige Minuten können sich ganz entscheidend auf Ihren inneren Zustand auswirken.

Wir stellen uns einen wunderschönen Salon vor – vielleicht in einem Schloss oder sonst in einem Traumhaus. Wir betrachten in aller Ruhe dieses geschmackvoll eingerichtete Zimmer, genießen die Ordnung und den angenehmen Frieden in diesem Haus.

Vor uns entdecken wir jetzt einen großen, schönen Spiegel. Wir schauen uns im Spiegel an und lächeln uns zu. Sollte uns das aus irgendeinem Grund nicht gelingen, weil wir vielleicht gerade verärgert, traurig oder schlecht gelaunt sind, bedauern wir uns ein wenig: »Ach, ich habe es doch so schwer!«

Vielleicht glückt uns jetzt doch ein Lächeln? Wir können uns auch an etwas erinnern, das uns zum Lächeln bringt, uns etwas Erfreuliches vorstellen, oder wir lächeln ganz einfach, weil wir uns gut fühlen. Wir konzentrieren uns auf die Energie, die mit diesem Lächeln in Verbindung steht. Wir erinnern uns an den lächelnden Buddha . . . think pink!

Die Freude, die langsam in uns zu wachsen beginnt, erleben wir immer stärker als eine glückbringende, heilende Energie. Von dieser angenehmen und kraftvollen Freude wollen wir uns jetzt durchströmen lassen – unser ganzer Körper wird von ihr durchflutet, alle Organe und alle Zellen entspannen sich und beginnen innerlich, in dieser Freude zu strahlen. Langsam fallen auch die letzten Sorgen von uns ab, alle Zweifel, Unsicherheiten, Ängste, Traurigkeit und Verstimmtheiten.

Unsere Seele und unser Geist werden immer mehr von dieser großen Freude erfüllt. Die ganze Negativität, die geherrscht haben mag, löst sich auf und wandelt sich um in positive Energie und Freude. Deutlich spüren wir, wie all unsere Fasern diese Energie tanken und sich aufladen – wie eine Batterie. Wir begrüßen unseren geistigen Helfer, der bereits bei uns ist, und lassen dank seiner Hilfe vermehrt göttliche Heilkräfte durch uns fließen. Wir verabschieden uns von ihm und erinnern uns wieder an den schönen Salon.

Wir lächeln uns noch einmal im Spiegel zu und kommen ins »normale« Tagesbewusstsein zurück.

Wir werden uns bewusst, wie einfach diese Umpolung doch eigentlich ist. Wir fragen uns vielleicht sogar, warum wir das nicht öfter machen. Etwa, weil wir gar nicht daran denken oder uns manchmal beinahe absichtlich schlecht fühlen möchten, in Selbstmitleid baden oder uns selbst nicht genug mögen? Bestimmt kommen Ihnen dazu noch andere Ideen. Erinnern Sie sich also: Haben Sie heute schon einmal gelacht?

Wer bin ich?

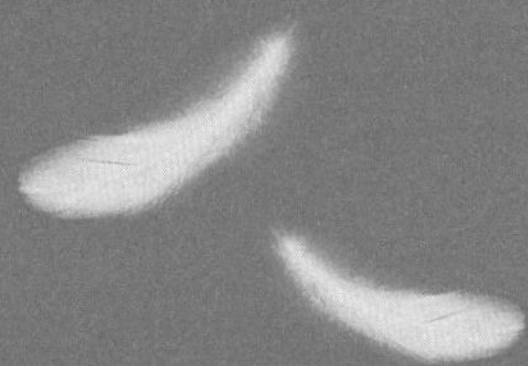

Haben Sie sich auch schon einmal die Frage gestellt: Wer bin ich? Lassen Sie bitte den folgenden Gedanken auf sich wirken:

Wenn wir erkunden möchten, wer wir sind und was wir nicht sind, müssen wir zu entdecken beginnen, was unser Selbst und Höheres Selbst ist.

Die Bewusstheit spiegelt die geistige Fähigkeit des Menschen, sich seines physischen wie psychischen Lebens gewahr zu sein. Das Bewusstsein des neugeborenen Kindes taucht nach neunmonatigem Leben im Fruchtwasser des Mutterbauchs in den Äther hinein und lebt dadurch noch ganz unbewusst in der physischen Welt, folglich ist es abhängig. Mit dem Erlernen der Muttersprache beginnen sich vor allem seine physischen Sinne zu entwickeln, und damit wird ihm sein Leben – zuerst instinkthaft, dann intuitiv – langsam bewusster. Durch das Heranwachsen und die damit verbundenen Erfahrungen spürt der Jugendliche vermehrt seine Individualität, seine Selbstständigkeit. Seine Bewusstheit wird durch geistig-religiöse Erziehung, die Traditionen der Gesellschaft und die Kultur beeinflusst. Vielleicht lernt er auch, an die Existenz Gottes zu glauben, und wird den reinen Kinderglauben im Laufe seines Lebens in Frage stellen. Seine heile Welt wird zusammenbrechen, wenn beispielsweise seine Wünsche nicht in Erfüllung gehen. Er wird in seinem Bewusstsein und seinem Verhältnis zu Gott (der Ganzheit) verunsichert oder gestört werden. Dadurch kann er das Interesse an Gott oder am höchsten Bewusstsein verlieren und sich von der Quelle seiner Bedürfnisse entfernen, um sich nun vermehrt der irdischen Realität, zuzuwenden. Sein Individuationsprozess und dadurch sein Verhältnis zur Ganzheit kann also irritiert werden.

Das Leben ist ein harter Lehrmeister – die Natur erscheint uns vollkommen, nur wir Menschen stehen verzerrt in ihr und lernen bald, dass es nicht immer nach unserem Kopf und Willen geht. Krankheiten, Unglücksfälle und Enttäuschungen – die drei wichtigsten Lebensschulmeister »Gesundheit«, »Beziehungen«, »Beruf« – lassen uns letztlich innehalten und nach dem Warum und Wieso fragen. In solchen

Momenten kann die Suche nach der Wahrheit und dem Glauben ihren Anfang nehmen.

Wenn die Zeit reif ist, lernen wir, Seele und Geist in Einklang zu bringen und zu größerer Harmonie zu gelangen, was uns dann eine neue Qualität im materiellen Leben ermöglicht. Wir erarbeiten uns unser eigenes Paradies auf Erden – dank der inneren Arbeit an uns selbst. Je weiter wir geistig voranschreiten, umso mehr wird uns die Einsamkeit dieses Weges bewusst und umso stärker muss sich unser Glaube an eine höhere Intelligenz entwickeln und unsere Liebe stärken, damit wir nicht an der Härte des Weges zerbrechen. Wir werden lernen, dass wir als Mit-SchöpferInnen Gott wahrhaft nah sein und mit ihm eins sein können.

Glauben Sie, dass Sie in Ihrem jetzigen irdischen Leben mehr zum Ausdruck gebracht haben als nur einen winzigen Bruchteil Ihres ganzen Ichs? Glauben Sie, dass Ihr jetziges Bewusstsein mehr ist als ein winziger Teil des größeren, gesamten Bewusstseins, dessen eine Ausdrucksform Ihr Ich ist?

Stellen Sie sich einmal die folgenden Fragen – sie werden Ihnen helfen, die große Frage nach dem »Wer bin ich?« zu beantworten und Ihnen helfen, sich über sich selbst klarer und bewusster zu werden:

- Was sind meine Bedürfnisse? Was meine Interessen?
- Welche Talente habe ich, was kann ich gut, was mache ich gerne?
- Was ist mir wichtig im Leben?
- Welches sind meine eigenen Gedanken, Vorstellungen oder Einbildungen?
- Was geht auf den Einfluss oder auf die Führung zurück, die aus meinem höheren Ich oder von höheren Welten entspringt, denen ich als Werkzeug diene?
- Was geht auf den Einfluss meiner Erziehung durch Eltern oder andere Wegbegleiter zurück?
- Ziehe ich mich eher zurück, liebe ich die Einsamkeit oder gehe ich auf andere Menschen zu?
- Bin ich ausgeglichen oder eher launisch?
- Glaube ich an eine Höhere Macht?
- Was verstehe ich unter »Fügung«?
- Was bedeutet »Zufall« für mich?
- Was »Gnade«?
- Kenne ich meine wahren, innersten Gefühle?
- Was sehe ich, wenn ich in einen Spiegel sehe? Wie ist mein Selbstbild?

Versuchen Sie, sich selbst besser kennen zu lernen, denn dann können Sie auch besser in sich hineinhören und sich auf Ihre Intuition einlassen und Ihre mediale Wahrnehmung unterstützen. »Erkenne dich selbst – dann erkennst du die anderen.«

Wir sollten die Welt in der richtigen Relation sehen und erkennen, dass wir geistige Wesen sind, deren Ausdrucksform der physische und der psychische Körper ist. Unser Geist selbst jedoch ist jener Teil von uns, der unsterblich ist.

Die wunderbare Kraft des Lichts – eine Übung

Suchen Sie sich einen ungestörten Meditationsplatz und machen Sie es sich bequem. Entspannen Sie Körper, Seele und Geist. Lassen Sie sich von den nachstehenden Worten inspirieren. Merken Sie sich alles, was Ihnen während des Lesens in der Parallelwelt in den Sinn kommt:

Alles ist jetzt ruhig und entspannt – in Ihnen und um Sie herum –, genießen Sie den erwachenden Frieden. Sprechen Sie jetzt ein Gebet, das Ihnen wichtig ist, und verbinden Sie sich bewusst mit dem Höchsten – wissen Sie sich eins mit ihm und dadurch geschützt, geführt und getragen von dieser Kraft.

Das Licht Ihres wahren Wesens strahlt jetzt aus Ihrem Mittelpunkt heraus – erleuchtet den ganzen Körper –, so, wie die Sonne die ganze Welt beleuchtet – aus dem Mittelpunkt des Sonnensystems heraus.

Jetzt, in diesem Moment, erleben Sie Ihre Mitte als Anfang und Ursprung. So, wie Sie das vom Prinzip des Mittelpunktes, ausgedrückt im Symbol des Mandalas bereits kennen ... erleben Sie Ihren Mittelpunkt und lassen Sie sich ganz in diesen hineinfallen.

Jeder Mensch ist ein Mittelpunkt, ein Mandala – auch Sie. Alles was Sie hervorbringen, kommt aus Ihrer Mitte – aus Ihrem »Raum der Stille«, aus dem »Raum der Kraft«. Jeder Mensch steht in seinem eigenen Raum und Zeitgefüge. Auch Sie sind Ihr eigener Mittelpunkt. Was immer sich vor oder hinter Ihnen, links oder rechts von Ihnen befindet, weist Ihnen die vier Himmelsrichtungen. Was immer sich über oder unter Ihnen befindet, es wird zu Himmel und Erde. Was gestern war und morgen sein wird, wird zur Vergangenheit und Zukunft. Und Mittelpunkt ist immer das Individuum – bis Sie – mit Ihrem

»Ausdruck Ihrer Seele – mit Ihrer Aura« die Gegenwart bewusst erleben – und das jetzt, in diesem Moment.

Unterstützen Sie das In-der-Mitte-Sein und das Aus-der-Mitte-Wirken, indem Sie still Ihre Mitte erfühlen. Wo ist sie bei Ihnen? Beim Bauchnabel? Oder tiefer? Oder etwas höher? Lassen Sie dort, wo Sie jetzt Ihre Mitte fühlen, eine Goldkugel in Ihrer Fantasie entstehen – so wie es in Ihrer Vorstellung am angenehmsten ist . . . Nehmen Sie wahr, wie sie sich langsam entwickelt – das ist gut so. Wichtig ist nur die goldene Kugel in Ihrer Mitte. Atmen Sie sanft und gleichmäßig und beginnen Sie jetzt damit, diese Goldkugel leuchten zu lassen.

Lassen Sie sie erstrahlen und füllen Sie den ganzen Körper mit ihrem Licht.

Sie leuchtet aus Ihrem Inneren – aus Ihrer Mitte heraus. Lassen Sie sie erstrahlen und fühlen Sie ihre wunderbare positive Kraft. Verbinden Sie sich jetzt– hier an diesem Ort der Stille – noch einmal ganz bewusst mit dem Großen Geist oder unserem Schöpfer – und wissen Sie sich geschützt, geführt und geborgen in dieser Kraft. Lassen Sie diese goldene Kugel leuchten und so stark wie möglich strahlen – und tanken Sie so viel Energie, Stärke, Zuversicht und Kraft, wie Sie wollen und brauchen.

Lassen Sie die Energie einfach fließen – lassen Sie es einfach zu.

Fühlen Sie dabei, wie sich dieses Gold-Licht, die spirituelle Kraft, noch weiter ausbreitet, weiter ausstrahlt – ein goldenes Leuchten ist in und um Ihre Mitte.

Ein angenehmes, wohliges, warmes Gefühl breitet sich aus und vermittelt Ihnen Kreativität, Stärke und Freude, Wohlbefinden und Harmonie. Es vermittelt Ihnen Friede. Aus Ihrer Mitte heraus schöpfen Sie Kraft – fühlen Sie diese Kraft, die sich in Ihrer Aura jetzt ausdrücken will.

Licht und Liebe sind die mächtigsten Kräfte im Universum. Sie können sich das geistige Licht als eine lebendige Gegenwart vorstellen, welche die Fähigkeit besitzt, überall gleichzeitig zu sein ... Das spirituelle Licht reagiert – wie die spirituelle Liebe – sofort, wenn Sie nur daran denken oder es herbeirufen –, denn – so wissen wir, es ist im geistigen Bereich schneller als die normale Lichtgeschwindigkeit ... Sie können sich mit ihm verbinden, sich seine Kraft zu Nutze machen und überall in Ihrer Umgebung Gutes schaffen. Licht und Liebe können Ihre Schwingung erhöhen und intensivieren.

Stellen Sie sich jetzt vor, wie Sie unter einem Wasserfall von funkelndem Licht stehen. Nehmen Sie wahr, wie Ihr Körper und Ihre persönliche seelisch-geistige Ausstrahlung, Ihre individuelle Aura Licht und Liebe aufnehmen und daher immer strahlender werden. Fühlen Sie, wie das geistige Licht durch Ihren Körper strömt – allein der Gedanke an das Licht wird alle Zellen Ihres physischen und psychischen Körpers verjüngen und Ihre Energien steigern.

Sie können das Licht sehr intensiv nützen, indem Sie sich vorstellen, dass Sie eine Kugel oder einen Kokon aus Licht um sich herum bauen, der bis über Ihren Kopf und unter Ihre Füße reicht.

Die gute, bedingungslose Liebe aus spiritueller Welt kommt bewusst in Kontakt mit Ihnen. Genießen Sie das geistige Verbundensein in der Stille – erleben Sie bewusst Ihren Lebensquell.

Genießen Sie noch einmal die Kraft Ihrer Lichthülle um sich, die Sie auch schützt vor unnötigen seelisch-geistigen Einflüssen von außen. Schließen Sie Ihre inneren Wahrnehmungsorgane, entspannen Sie dadurch Ihre medialen Anlagen und ziehen Sie symbolisch die Türe zur inneren, außersinnlichen oder geistigen Welt hinter sich zu, bis Sie eine angenehme Dunkelheit erfüllt. Ein wertvolles Erlebnis in Verbindung mit der Schöpferkraft mögen Sie in Ihrer Erinnerung behalten, während Sie ruhig wieder zurück ins Hier und Jetzt der Gegenwart – der materiellen, physischen Welt – erwachen.

Das wunderbare Rätsel der Intuition

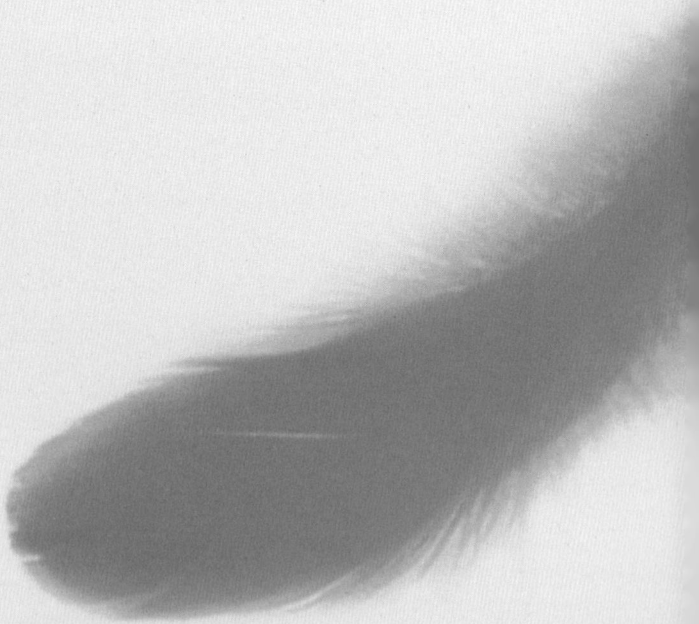

Die Welt unserer Psyche ist ein großes Rätsel – und gleichzeitig das Wunderbarste, das wir als Menschen erkunden können. Alles, was wir im Laufe unseres jetzigen Lebens wahrnehmen und erleben – von den ersten Erfahrungen im Mutterleib bis zu denen im Angesicht des Todes –, prägt unser Bewusstsein wie auch unser Unterbewusstsein. Hinzu kommen die Erlebnisse und Muster vergangener Leben. Aus der modernen Psychoanalyse wissen wir, dass alles Erlebte in unserer Psyche gespeichert ist, wenngleich viele seelische Inhalte aus dem Bewusstsein verdrängt werden, weil sie zu schmerzhaft sind, als verboten gelten oder einfach nicht den Ansprüchen unserer inneren Zensur genügen.

Die intuitive Erkenntnis, das unmittelbare Gewahrwerden einer Einsicht, entspringt dem Speicher unseres Unbewussten. Wer den Raum der Intuition erkunden will, muss lernen, wie er zu ihr findet – und auch wieder zurück in sein bewusstes Denken. Das Hineintauchen in die mentale, spirituelle Welt geschieht am Anfang schrittweise; später reichen verkürzte Wege, oft sogar nur Sekunden währende Vorstellungen, um das Ziel zu erreichen.

Intuition wie Kreativität beruhen auf flexiblen Neuverknüpfungen und originellen Verkettungen bereits vorhandener Erfahrungen aus unserem täglichen Leben. Der Akt des schöpferischen Denkens ist jedem möglich, in seiner Qualität ist er jedoch abhängig von unserem seelisch-geistigen Fundament, dem Reservoir an gespeicherten, verarbeiteten oder unverarbeiteten Erinnerungen.

Grundlagen der Intuition

Bei der Intuition, der Gabe des prophetischen Wissens, erleben wir unerwartete, blitzartige Einsichten. Während einer Unterhaltung mit einem Freund könnten Sie, schon bevor Ihr Freund seine Neuigkeit fertig erzählt oder sein Gefühl beschrieben hat, sagen: »Ich weiß.« Mit der Zeit werden Sie genügend Beweise für die Stichhaltigkeit Ihrer Intuition bekommen. Gefühlssicher genug, lernen Sie allmählich, Ihren Vorahnungen, Ihrer Intuition, völlig zu vertrauen. Wichtig ist, dass wir uns unsere Vorahnungen nicht ausreden! Leider werden diese von uns oft heruntergespielt und als Einbildung oder »innere Angst« abgestempelt. Intuition kommt aus heiterem Himmel und meistens ohne unterstützende Beweise zu uns. Die Folge ist, dass die Mehrzahl der Vorahnungen auf dem Wege der Intuition zu uns kommen. Deshalb wird Intuition oft mit Prophezeiung gleichgesetzt und fälschlich nur mit dem Wahrnehmen der Zukunft in Verbindung gebracht.

Einschneidende Erlebnisse sind vor allem solche, bei welchen eine Intuition unmittelbar eintrifft und einfach stimmt. So wusste ich beispielsweise plötzlich, als ich noch in Bern als Lehrerin lebte, dass die Zeit dort jetzt abgeschlossen sei und ich nach Zürich zu fahren hätte, um meine Künstlerpläne realisieren zu können. Ich hatte die Gewissheit, dass sich die Wohnungssuche problemlos ergeben würde und dass ich von einer höheren Kraft geführt wurde. Also vertraute ich meinem inneren Impuls und nahm mir vor, einen Tag für diese Suche einzusetzen.

Die Suche begann über Zeitungsinserate. Mittags war ich ziemlich desillusioniert – es schien doch nicht so einfach zu sein. Der Zufall wollte es, dass ich beim Mittagessen im Restaurant mit einer Tischnachbarin ins Gespräch kam. Diese riet mir, im Stadthaus nachzufragen.

Ohne zu wissen, dass dieses Haus für Wohnungssuchende unpassend war, ging ich hin und begegnete im Treppenhaus einem Mann, der mich auf die städtische Liegenschaftenverwaltung verwies. Kurz vor Büroschluss fand ich endlich den richtigen Schalter. Der Zuständige lachte und meinte, ich sei ein Glückspilz: Soeben hatte er eine Kündigung von einem städtischen Wohnatelier erhalten.

Ich fuhr am selben Tag innerlich ruhig nach Hause und wusste, dass das meine zukünftige Wohnung sein würde. Innerhalb eines Monats war alles geregelt, und tatsächlich wohnte ich ein paar Jahre dort.

Geht es uns nicht oft so, dass uns tiefes, inneres Wissen eine unmissverständliche Sicherheit vermittelt, dass es so und nicht anders ist.

Intuition ist außer- oder innersinnliche Wahrnehmung, die nicht als Gefühl, Vision oder Stimme vorkommt, sondern als unmittelbares Wissen. Dieses Hell- oder mediale Wissen kann die Vergangenheit, die Gegenwart oder die Zukunft betreffen. Mit dieser Art plötzlicher intuitiver Einsicht können Rätsel aus unserer Vergangenheit gelöst werden – indem plötzlich der »Groschen« fällt –, ausgelöst durch eine Eingebung oder eine Inspiration. Mit Hilfe der Intuition können wir Schwingungen außerhalb eines linearen Zeitverständnisses wahrnehmen, was lebensverändernde Folgen haben kann.

Achten Sie also auf Ihre Gedankenblitze, auf Ihre Intuitionen. Der Vorgang, »nach oben oder innen zu denken«, öffnet buchstäblich eine Türe zu universalem Wissen, damit unmittelbar die dort gespeicherten Informationen wie durch einen Trichter in unser Gehirn, in unseren Geist zu unserer inneren, subjektiven Weisheit einfließen können.

Intuition ist von allen fünf medialen Sinnen diejenige mediale Gabe, der wir am häufigsten begegnen. Sie ist der direkteste und schnellste Kanal zur außer- oder innersinnlichen Welt: Menschen, deren Stärke die Intuition ist, arbeiten in einer höheren Geschwindigkeit. Da sie wie die »Propheten« eine natürliche intuitive Offenheit besitzen, fließen ständig Gedanken durch ihr Bewusstsein.

Viele medial Wissende meinen, dass sie nicht richtig meditieren können, weil sie Schwierigkeiten damit haben, ihren Geist zur Ruhe zu bringen. Versuchen Sie in dem Fall nicht, den freien Fluss der Gedanken, der Ihre Stärke ist, zum Stillstand zu bringen! Der Schlüssel zur Meditation für einen »Propheten« ist, dass er dem Fluss erlaubt sich fortzusetzen, jedoch versucht, sich dabei auf seine meditativen Gedanken zu konzentrieren. Deuten nicht gerade diese auf »Realität« hin?

Die Eindrücke, die wir durch das mediale intuitive Wissen bekommen, sind oft flüchtig, manchmal schwer einzufangen und kommen häufig ohne weitere unterstützende Informationen zu uns, was eine gewisse Schwierigkeit bei der Wahrnehmung bedeuten kann. Es ist der mediale Sinn, dem man am Anfang, als noch Ungeübter, oft kaum vertrauen mag, da dieser so flüchtig und damit zunächst einmal ungewohnt und unwirklich scheint.

Menschen, deren Stärke die Intuition ist, meint Pete A. Sanders, können ausgezeichnet Probleme oder Schwierigkeiten vorhersehen. Sie sind geistig rege und können sich schnell an sich verändernde Umstände anpassen. Sie nehmen intuitiv wahr, wie sie zur richtigen Zeit am richtigen Ort sein können, und sie sind Erneuerer mit grenzenloser Kreativität, die sich nur selten von Konventionen einschränken lassen. Sie erkennen instinktiv die Bedürfnisse von Familienmitgliedern und Menschen, die ihnen lieb und teuer sind.

Menschen dagegen, deren Schwäche die Intuition ist, können aufgrund der Mengen an Gedanken und Ideen, die sie empfangen, zerstreut sein. Sie nehmen Informationen weit im Voraus und manchmal zu früh auf, sind schnell gelangweilt und führen Projekte häufig nicht zu Ende. Oft sind sie ihrer Zeit voraus und werden deshalb von anderen abgelehnt. Manchmal sprechen sie zu schnell, wobei sie einfach sagen, was ihnen gerade in den Sinn kommt, ohne darüber nachzudenken.

Zur Übung und Wahrnehmung Ihrer Intuition können Sie sich Ihre intuitiven Gedankenblitze notieren, beobachten und vergleichen Sie diese – das beste Übungsfeld ist dabei Ihr Alltag. Über welche Dinge wollten Sie schon lange mehr wissen? Versuchen Sie Ihre Intuition zu nutzen, um zu sehen, welche Einsichten Sie vielleicht bekommen können, wenn Sie sich ungeklärte Situationen, Gefühle, Eindrücke und Gedanken noch einmal bewusst machen und diese genau rekapitulieren und analysieren:

- Welche Situationen sind für mich immer noch unverständlich oder noch nicht geklärt? Eine ruhige Betrachtung solcher Situationen bringt bereits oft Klärung.
- Wie sind meine Gefühle in diesen Angelegenheiten?
- Welche unmittelbaren Eindrücke oder Gedanken kommen mir zu diesem unaufgelösten Bereich in den Sinn? Diese Gedanken und Gefühle sollten jedoch nicht sofort analysiert werden, sondern einfach nur strömen. Das Niederschreiben der Gefühle hilft bei der späteren Bewusstwerdung.

Sie können auch eine weitere Übung machen, um Ihrer Intuition auf die Spur zu kommen, wenn Sie beispielsweise einem Freund oder einer Freundin helfen möchten. Durch das anschließende klärende Gespräch bietet sich für den anderen die Gelegenheit der Selbstreflexion im Wahrgenommenen und auch Sie können so zu neuen Erkenntnissen gelangen. Ziehen Sie sich dazu an einen Platz zurück, an dem Sie ungestört eine Weile verbringen können.

Entspannen Sie Körper, Seele und Geist. Begrüßen Sie herzlich einen Ihrer geistigen Helferund freuen Sie sich auf die Zusammenarbeit. Gemeinsam wandern Sie nun in Ihrer Vorstellung an Ihren Lieblingsort, beispielsweise irgendwo in der Natur, wo Sie sich ungestört vom Alltagslärm mit ihm unterhalten können.

Heute inspiriert Sie Ihr geistiger Helfer mit allem, was jetzt gerade Ihre(n) Freund(in) beschäftigt, was er oder sie tut, wie es ihm oder ihr geht. Da Ihr geistiger Helfer ja ein Abgesandter Gottes ist, sind Sie sich bewusst, dass Sie nur kraft Ihrer ethisch-moralisch Geisteshaltung entsprechende spirituelle Führung bekommen. Das heißt, dass Sie und Ihre Freund(in) automatisch unter göttlichem Schutz – einem geistigen Datenschutz – stehen und Ihnen nur das vermittelt wird, was im Moment als Wissen für Sie geeignet ist. Aufmerksam und wachsam für alle Einfälle und Gedankenblitze notieren Sie sich bitte alles in Ihrem Gedächtnis. Hochkonzentriert registrieren Sie alles, was Ihnen in den Sinn kommt.

Nachdem Sie sich alles gemerkt und durchs innere Gespräch geklärt haben, bedanken Sie sich für diese Zusammenarbeit, verabschieden sich und kommen von Ihrem Lieblingsplatz wieder ruhig zurück.

Auch die Tagesphase, in der wir uns gerade befinden, wirkt sich auf die Art zu denken aus, denn nicht alle Phasen sind förderlich für das kreative Denken – manche sind Phasen des logischen Denkens, andere wiederum eignen sich besser zum Handeln, zu anderen Zeiten sollten wir uns lieber ausruhen

Der Traum als Tor zur Intuition

Unsere Intuition funktioniert zu verschiedenen Tageszeiten unterschiedlich gut. Wie bei unserer Konzentrationsfähigkeit oder bei körperlicher Betätigung gibt es Phasen, die die schöpferischen Impulse unseres Geistes fördern oder aber auch hindern:

- Während des Wachseins sind wir angespannt und in Alarmbereitschaft. Der Verstand und das rationale Denken können jetzt voll ausgeschöpft werden.
- Beim morgendlichen Erwachen oder am Abend vor dem Einschlafen fühlen wir uns wohlig benommen, sind wir besonders kreativ und neigen zum Tagträumen. Dieser Zustand wird bei alternativen Lernmethoden teilweise künstlich erzeugt und als optimale Lernphase genutzt. Es ist der Zustand, in dem auch unsere spirituelle Wahrnehmung am besten funktioniert.

- Während des ersten, noch leichten Schlafes, aus dem mancher wieder hochschreckt, ist das Tor zur Kreativität weit geöffnet. Ein Zugang zu versteckt liegendem Wissen und gespeicherten Erfahrungen ist jetzt vorhanden. Logische Schlussfolgerungen kann der Verstand in diesen Momenten nicht ziehen, stattdessen ergeben sich ungewöhnliche Gedankenverbindungen. Dieser Bewusstseinszustand wird in tiefer Meditation erreicht.
- Während des tiefen, erholsamen Schlafes einer langen Nacht treten kreative Prozesse wieder in den Hintergrund. In diesen traumlosen Phasen ist der Körper ganz auf Selbstregeneration oder auf Heilung konzentriert.

Unsere Erde als Lernplanet

Ein Ziel des Suchenden ist es, zum eigenen Heiler und Priester, Lehrer und Ratgeber zu werden – das heißt, sich selbst zu erkennen und zu erziehen, Verantwortung für sich und sein Handeln zu übernehmen.

Bevor die Seele sich verkörpert, weiß sie, was sie auf Erden zu tun hat. Sie wählt das Werkzeug ihrer Verkörperung, denn sie erkennt, dass die jeweilige Verkettung verschiedener Ebenen, der irdischen und der psychischen Umstände – seien es übertragene, vererbte oder alte karmische Hintergründe –, ihr die beste Gelegenheit für die notwendige Entfaltung ihrer selbst liefern werden. Sobald sie sich in der Materie verkörpert hat, verhindert deren Dichte, dass dieses tief im Körper eingebettete Wissen ihr Bewusstsein erreicht. Nehmen wir als Beispiel den Edelstein. Kohlenstoff, der sich über Jahrhunderte – geduldig und im Dunkeln, im Verborgenen – von Grafit zu einem glasklaren Diamanten entwickelt, wird eines Tages aus seinem Fels befreit werden und im Licht in allen Regenbogenfarben erstrahlen. Die menschliche Psyche dient als Schutzhülle oder Zwangsjacke der Seele. Doch jeder kann den Weg zum Innersten und damit mit dem Höchsten gehen.

Betrachten Sie einmal Ihr Leben. Überlegen Sie sich dazu, wie Sie geboren wurden und was für eine Kindheit Sie hatten. Können Sie Schattenseiten in Ihrem Leben entdecken, die Sie sehr traurig machten oder enttäuschten? Situationen, in denen Sie mit sich selbst nicht im Reinen waren? Entdecken Sie dadurch Ihr Lebensthema? Sobald Sie eine Unzufriedenheit, was auch immer für eine es sein mag, in Ihrem Leben spüren, bietet sich Ihnen eine Auflösung an. Diese können Sie wahrnehmen, indem Sie sich geduldig gewisse Situationen bewusst ins Gedächtnis zurückrufen und diese nur einmal als stiller Beobachter anschauen. Dann wird auch ein sukzessives Umdenken möglich – denn Sie erinnern sich daran, dass Ihr anfängliches Leben Sie ja geprägt hat, so wahrzunehmen, wie Sie die Welt heute wahrnehmen. Wenn Sie dann bereit sind, sich und Ihr Leben so zu betrachten, wie Sie sich fühlen, lernen Sie vielleicht, die Gegenseite immer bewusster und dadurch lebendiger werden zu lassen oder eben: leben zu können – damit Sie sich wieder in einer Einheit, Ganzheit, »im Frieden« spüren können – wenn dieser Friede vorher durch ein unangenehmes Erlebnis gestört war. Sich Gedanken über Gefühle machen ist wichtig – Sie müssen aber auch lernen, Überholtes loszulassen, um mit neuen Gedanken Altneues zu schaffen. Ihre medialen Anlagen unterstützen diesen Prozess.

Es gibt kein Leben, in dem alles im Lot ist. Mit welchen Kräften sollte sich unser Wesenskern sonst zum inneren Lehrer, Ratgeber und Heiler – zur inneren Reife – entfalten, bilden, entwickeln, um sich letztlich selbst erlösen zu können? Die Bilder der Seele und des Geistes – der Ausdruck der Psyche – fördern mittels unserer sensibilisierten Wahrnehmung die Bewusstwerdung. Und wer meint, es war oder ist alles im Lot, hat sich noch nicht mit der anderen Seite auseinander gesetzt. Das ist momentan vielleicht leichter und bequemer – unweigerlich drängen die Entwicklungskräfte dann aber in die vernachlässigte Richtung und zwingen den Menschen auch diese andere, oft schmerzhafte Seite kennen zu lernen – um ein größeres Verständnis davon zu bekommen, was es überhaupt heißt, »Mensch zu sein«.

Individuelle Lebensaufgaben begleiten uns also das ganze Leben lang. Eine Menge unterschiedlicher Anforderungen, die wir immer wieder mit einem ersten Schritt beginnen werden, bieten uns Chancen zum Wachsen, innerlich und äußerlich. Wer nach Licht strebt, nach sich selbst, nach dem Erkennen seines Wesenskerns, der betritt immer wieder neue Ufer. Er wird dadurch »weltgewandt«, findet seinen Lebenssinn und letztlich die »innere Heimat« und wird so immer freier und unabhängiger auch in der äußeren Welt – in radikaler Selbstverantwortung. Er wird zum selbstbewussten Mit-Schöpfer im Netzwerk Gleichgesinnter, erfreut sich geduldig, bescheiden und demütig seines Dienstes im Hier und Jetzt und findet dadurch sein Paradies auf Erden.

Sammeln Sie Erfahrungen. Alles was sich im Außen zeigt, ist ein Spiegelbild des Innern. Dadurch wird eine Möglichkeit geschaffen, Rückschlüsse auf sich selber ziehen zu können. Nachfolgende Fragen können Ihnen helfen, das wertvolle Gut Ihrer medialen Anlagen, ausgelöst durch gezielte Übungen, immer leichter selber beantworten zu können.

- Was ist der nächste Schritt im praktischen Alltag, den ich vollziehen möchte?
- Was fordert mich derzeit am meisten in Gesundheit, Beziehung und Beruf?

- Wo stehe ich momentan in meiner geistig-spirituellen Entwicklung?
- Um was genau geht es in meiner jetzigen Situation?
- Was kann ich noch nicht sehen?
- Was wird mir bewusst, wenn ich in mich hineinhorche?

Geduld, Disziplin und ständige Aufmerksamkeit sowie Ehrlichkeit sich selbst gegenüber, sich in der praktischen Lebensschule selbst hinterfragen und Selbstüberprüfung werden zu wichtigen Tugenden auf dem Weg zu sich selbst. Der Spiegel des realen Alltags spricht deutlich und klar zu jedem, der sich nicht scheut, sich darin zu betrachten – und sich selbst wirklich kennen zu lernen.

Jede Schwierigkeit hat eine innere Ursache: Diese gilt es zu erkennen – unsere medialen Anlagen sowie die magische Kraft unserer Intuition im Besonderen helfen uns beim Bewusstwerdungsprozess, an dessen Anfang das Wahrnehmen und Beobachten steht. Vertrauen wir den treuen spirituellen Wegbegleitern und Schutzengeln – unserer inneren Weisheit. Nur im Kontakt mit der inneren Stimme stabilisiert sich auch das Urvertrauen und entwickelt sich – ebenfalls durch prozessorientierte, kontinuierliche mediale Schulung – zu Selbstvertrauen.

Durch das sensitive und bewusste Wahrnehmen bekommen viele Dinge einen neuen, bewusster erlebten Stellenwert und führen zu einem neuen, ganzheitlicheren Gleichgewicht von Körper, Seele und Geist.

Was wäre das Leben ohne Erfahrungen . . .
Wir sammeln all die Erlebnisse, die wir brauchen,
um die Welt in ihrer Mannigfaltigkeitzu sehen.

So lernen wir, unsere Aufgaben zu erfüllen und auch die Freuden zu genießen, die für uns bestimmt sind. Die Befähigung dazu müssen wir als verantwortliche Mit-Schöpfer in der irdischen Welt erwerben. Dort müssen wir die Lektionen lernen, die uns auf das Leben in der geistigen Welt vorbereiten. Wenn wir unsere Lektionen nicht annehmen, sind wir nicht reif, nicht bereit für das, was nach dem irdischen Leben auf uns wartet. Doch auch in der geistigen Welt gibt es Schulhäuser, andere Wirkungsfelder, denn man kann sich wieder und wieder inkarnieren.

Trotzdem erscheint es uns manchmal so, als ob das Leben für einige schwerer sei als für andere. Manche sind frei von Schmerz, Qual, Sorge und Mühe, während andere im Schatten leben und kaum jemals das Licht erblicken. Eine große Schwierigkeit besteht darin, dass wir oft nur den irdischen Aspekt des Lebens sehen. Wir fragen uns: Gibt es eine irdische Gerechtigkeit? Es gibt einen göttlichen Plan. Dieser ist aber nicht so starr, dass wir wie Marionetten darin tanzen. Wir alle haben den göttlichen Funken in uns und dadurch die Möglichkeit, am Vorgang der unendlichen Schöpfung teilzuhaben.

Deshalb hat der Mensch persönliche Verantwortung und ein großes Maß an freiem Willen, das aber nicht gegen physikalische, psychische oder geistige Gesetze wirken kann. Sein freier Wille erfährt durch sie eine Beschränkung.

Die geistige Welt ist wie die materielle Welt
eigenen Gesetzen unterworfen –
doch der Wille des Menschen ist frei.

Das menschliche Schicksal ist in großen Zügen vorherbestimmt, und es liegt an jedem Einzelnen, seine göttlichen Eigenschaften innerhalb dieser Grenzen zu entfalten.

Auf der Suche nach neuen Wegen

Die Seele und ihre Psyche als deren Schutzmantel oder Zwangsjacke sind ruhelos, suchend, bemüht, ihre Wesensanlagen und individuellen Lebensaufgaben im Körperlichen Ausdruck zu finden. Trauer, Sorgen, Leid oder Krankheit sind manchmal notwendig, um uns aus unserer Gleichgültigkeit aufzuwecken. Wir – unsere Seele und unsere Psyche – lernen von Mal zu Mal besser, hinter die Kulissen dieses »Welttheaters« zu sehen, Zusammenhänge zu erkennen, zu verstehen, »warum« – und langsam erahnen wir, was irdische Gerechtigkeit ist.

Unsere Seele ist von göttlicher Herkunft und unzerstörbar, die irdische Wegstrecke ist nur ein kleiner, aber notwendiger Teil der ewigen Lebensreise. Ihre Psyche dient ihr ebenso, wie der physische Körper ein wertvolles Hilfsmittel ist. Unser jetziges Dasein sollten wir nicht in der dunklen Unwissenheit, sondern im hellen Licht des Wissens leben, nicht gebeugt, sondern erhobenen Hauptes, nicht in Furcht, sondern in freudiger Heiterkeit.

Wenn Sie Hilfe und Führung benötigen, müssen Sie die Bedingungen schaffen, unter denen Ihnen diese gewährt werden können. Sie können Ihre Lebenserfahrungen dazu einsetzen, um Ihre Seele, Ihren einzigen ewigen Besitz, reifen zu lassen. Ihre Psyche als Schutz hilft Ihnen dabei oder motiviert Sie zur Hingabe. Vertrauen Sie darauf, dass die Kraft, die Ihnen das Leben gab, Sie auch erhalten wird, weil Sie ein Teil dieser Kraft sind und sie in Ihrem eigenen Ich verborgen ist. Wenn Sie die richtigen Bedingungen schaffen, so rüstet Ihre innewohnende göttliche Kraft Sie zum Lohn mit den brillanten Waffen des Geistes aus – wie der Unterscheidungsfähigkeit, Urteilsfähigkeit und Treffsicherheit –, die Sie für den Lebenskampf brauchen. Sie realisieren dann, dass Ungeduld oder Groll das volle und freie Fließen der göttlichen Kraft verhindern. Entspannen Sie sich, werden Sie aufnahmebereit, ruhig, passiv, still, heiter, vertrauensvoll – geben Sie sich dem Strom der Liebe und des Lichts hin. In Ihrem Innern wissen Sie, dass alles gut ist und dass das, was Sie in Wahrheit dringend brauchen, Ihnen auch zuteil werden wird. Für die leichteren Dinge dieses Lebens wird kein Lohn gewährt, nur für die schwierigen. Haben Sie eine Schwierigkeit zu überwinden, vertrauen Sie auf die göttliche Kraft in Ihnen und darauf, dass Ihnen ein Weg gezeigt werden wird.

Seien Sie wachsam und voller Aufmerksamkeit –
hinterfragen Sie jeden Augenblick.

Aus unserem Alltagsleben wissen wir, dass unsere persönlichen Lebenserinnerungen und -Erfahrungen, unsere Gedanken- und Gefühlswelt oder unsere Psyche die Wahrnehmung unserer Wirklichkeit prägen. Was wir momentan sehen und hören, hängt stark davon ab, was wir in der Vergangenheit gesehen, gehört oder gefühlt haben – welche Wünsche wir an die Zukunft haben. Die auf Erinnerungen beruhenden Erwartungen entwickeln auch eine eigene Dynamik. Unser Gehirn verwendet viel Zeit darauf, unser Bild von uns und von der Welt ständig zu überarbeiten. So wird bestimmt, was wir wahrzunehmen haben oder nicht. Ob wir dazu bereit sein wollen, liegt dann ganz allein bei uns – hier beginnt unsere Verantwortung, der Schmied des eigenen Glücks oder Schicksals zu sein.

Beobachten, ohne zu handeln oder zu bewerten – wirken lassen, bis Erkenntnisse sich einstellen … diese Haltung wird vorteilhaft zur neuen Gewohnheit oder zum Rezept. Hintergründe einer bestimmten Situation oder Glaubenssätze, die man verändern oder besser verstehen möchte, können so besser erfühlt werden. Mit der Zeit reift das Wahrgenommene oder magisch-intuitiv Erfahrene, und wir können aufgrund dessen unser Verhalten ändern: Wir müssen unsere Eigenverantwortung akzeptieren und übernehmen – denn niemand ist mehr da, an den wir sie abgeben können.

Der Weg in die Freiheit ist für niemanden leicht. Wir wagen uns aufs offene Meer und verlassen die scheinbar sicheren Ufer unseres gewohnten Handelns. Immer wieder müssen wir ins kalte Wasser springen und unsere eigenen Widerstände überwinden, die das neue Handeln bremsen. Mit jedem Mal erleben wir uns ein wenig leichter, wenn sich die Erkenntnis einstellt, dass wir auf einem Weg sind, der nicht wieder in die übliche Sackgasse führt. Ungeduld, Zweifel, Ängste und die ständige Auseinandersetzung mit eigenen Problemen lassen dieses Stadium bisweilen sehr beschwerlich erscheinen. Auch die »Erfolge« sind ja immer wieder mit dem Weg durch die Angst verknüpft, insbesondere wenn es sich um tief liegende Probleme handelt. Und mit diesen wird man immer häufiger konfrontiert. Manchmal scheint man vor einer fast unüberwindlichen Aufgabe zu stehen – aber ein Zurück in die alten Muster gibt es nicht mehr.

Wenn wir uns für neue Verhaltensweisen entscheiden, ist es wichtig, immer wieder in sich selbst hineinzufühlen: Ist das wirklich mein Weg? Ist dieser wahrhaftig und entspricht dieser meinem Selbst? Oder habe ich einen Weg gewählt, mit dem ich zwar anders handle, der aber nur mein Ego stärkt und der über einen Umweg wieder in mein altes Muster führt? Geduld bringt Rosen – es kann einige Zeit dauern, bis man sich das passende neue Verhalten erarbeitet hat. Es gilt ebenfalls Geduld aufzubringen, bis sich die ersten Auswirkungen, die ersten Früchte des neuen Verhaltens zeigen. Immer wieder wird es Phasen geben, in denen scheinbar nichts geschieht. Auch diese sind jedoch nötig, damit das Erlernte Zeit hat, sich zu setzen, sich zu festigen. Erst wenn diese Wartezeit überbrückt ist, wenn sich die ersten Auswirkungen des neuen Handelns zeigen, kann man beurteilen, ob man eine gute Lösung für sich gefunden hat.

Nachdenken – ausprobieren – Geduld bewahren – nachspüren ... Neue Erkenntnisse wollen verinnerlicht werden, bis wir immer klarer wissen, wozu wir »Ja« und wozu wir »Nein« sagen wollen. Ein neues Fundament entsteht – die Basis, sich selbst immer mehr zu leben – kongruent und authentisch zu sein und zu wirken ist das Ziel.

Definieren Sie anhand der hier genannten Fragen, die Sie zum Weiterdenken anregen sollen, Ihre eigenen persönlichen Seeleninhalte, die Sie auf Ihrem Weg begleiten:

- Wie schätze ich mein Ego, mein Ich und dadurch mein Selbst ein?
- Welche überholten Glaubenssätze kommen mir in den Sinn?
- Welche Verhaltensmuster möchte ich verändern?
- Weshalb erlebe ich eine unangenehme Situation immer wieder?
- Weshalb schaffe ich es noch nicht, mein Verhalten zu ändern?
- Weshalb werde ich oft von unbestimmten negativen Gefühlen geplagt?
- Weshalb mache ich mir konkrete Vorstellungen über mich oder mein Leben? Wie sehen diese aus?
- Wann erlebe ich mich authentisch, im Einklang mit mir selbst?

Was bedeutet unsere spirituelle Entwicklung?

Die spirituelle Entwicklung ist für alle Menschen geeignet, die mittels der bewusst angewendeten Gedanken- und Gefühlssprache in Verbindung mit der Höchsten Schöpferkraft sich in Selbsterfahrung, Selbsterkenntnis und Selbstvertrauen üben möchten. Diejenigen, die sich das bereits erarbeitet haben, entdecken mit Hilfe der medialen Arbeit neben einer besseren Kenntnis der eigenen Persönlichkeit, dass die Schulung des Charakters ein lebenslanger Prozess ist. Sie lernen, immer besser mit dem eigenen Einfühlungsvermögen umzugehen, werden entscheidungsfreudiger und gefühlssicherer und erlangen dadurch wahres Selbstwertgefühl und Selbstvertrauen. Beruf, Freizeit und zwischenmenschliche Beziehungen werden inspirierter gelebt: Ein erfülltes Leben bringt Zuversicht und Freude.

Dabei sei noch eine Besonderheit erwähnt: Die persönliche Medialität kann auch über einen Schicksalsschlag plötzlich wieder entdeckt werden oder zutage treten. Ein Schockerlebnis erzeugt eine höhere Gedankenfrequenz, die das Bewusstsein in eine höhere Ebene – die mediale, übersinnliche Frequenz – hineinführen kann und neue Einblicke oder Erfahrungen erleben lässt. Manifestationen der Hellsichtigkeit oder der medialen Wahrnehmung werden hier auf eine natürliche Art und Weise möglich.

Mein eigenes Erwachen aus dem Dornröschenschlaf war ein solches Schlüsselerlebnis: Ich fuhr alleine und nicht angeschnallt mit hoher Geschwindigkeit auf der Autobahn. Mein Wagen geriet ins Schleudern, kam von der Fahrbahn ab und stürzte einen Hang hinunter. Das Auto hatte Totalschaden – ich selbst dagegen blieb völlig unverletzt. Während das Cellokonzert im Radio aus dem zertrümmerten Auto weiter ertönte, spürte ich unerwartet eine starke Präsenz hinter mir: Mein Großvater aus der geistigen Welt war bei mir. Ich nahm ihn auf dem Rücksitz des Wagens als Vision wahr und sah ihn so, wie ich mich an ihn zu Lebzeiten in meiner Jugend erinnern konnte. Der Schock löste in mir die Fähigkeit aus, die geistige Welt wahrzunehmen, und im gleichen Moment begriff ich den Sinn meines Lebens. Dieses

Erlebnis wurde zum entscheidenden Wegweiser meiner weiteren Entwicklung.

Wir alle müssen einmal in das Land des Jenseits reisen. Wenn die Zeit gekommen ist, sich von unserem Gefährt(en), dem irdischen Körper, in Liebe zu verabschieden, erwartet uns erneut eine Geburt in die Welt des Geistes.

Spätestens hier erwachen auch unsere psychischen und spirituellen Sinne – die Medialität –, und wir erfahren über diese erweiterte Wahrnehmung unsere neue Daseinswelt. Im Moment des Übergangs werden wir von feinstofflichen Wesen, unseren »geistigen Geburtshelfern«, liebevoll betreut und in die geistige Welt eingeführt.

Die Qualität unseres Bewusstseins, alles, was wir be- und erarbeitet haben, macht die uns eigene »Schwingungsfrequenz« aus – und damit die Ebene der spirituellen Welt, die unser neues »Zuhause« wird und unserem Bewusstseinsstand entspricht. Jede dieser verschiedenen Ebenen oder Daseinsformen – von Schwarz über sämtliche Regenbogenfarben bis hin zum Weiß – können wir uns als andere Welt, als neuen Lehrplaneten oder Schule vorstellen.

So wie wir uns auf irdischen Bergtouren auf ein höheres Gelände begeben müssen, um eine weitere Aussicht zu haben und klarere Panoramen entdecken zu können, müssen wir uns auch mutig seelisch-geistig auf Hochtouren wagen. Jegliche Spuren des irdischen Alters verlieren wir auf geistigen Bergeshöhen – es sind nur noch das seelisch-geistige Alter, die Reife oder Weisheit und deren Umsetzung im Alltag, die zählen.

In der geistigen und irdischen Welt
ist die innere Reife das Wichtigste.

In der unvergänglichen geistigen Welt kehrt alles, was unerwünscht ist, sofort zum eigenen Element zurück oder bildet sich sofort heraus – ohne zu fragen, wie es entsteht oder verschwindet. Wir wissen, dass es aus einer unendlichen, nie versiegbaren Quelle kommt, die wir mit unserem normalen Menschenverstand nie so ganz begreifen und verstehen werden können, die wir nur selten erleben können.

Hier merken wir, wie unterschiedlich die Deutungen sein können. Jeder Mensch muss letztlich die Bedeutung für sich selbst finden. Im gegenseitigen Gedankenaustausch – verbal oder telepathisch – können aber wertvolle Seiten beleuchtet werden, die man selbst nicht sehen kann. Je differenzierter wir die Botschaften aus der geistigen Welt erkennen können, umso »maßgeschneiderter« werden wir den geistigen Impuls auf uns beziehen können. Nicht nur Allgemeingültiges, sondern ganz Spezifisches, für den Betroffenen eindeutig klar Verständliches sollte vermittelt werden, das nur in diesem Moment für diese Person von Gültigkeit und Wichtigkeit ist.

Bei einem Kontakt mit der geistigen Welt – bei der Übermittlung von Botschaften – bestehen keine materiellen, räumlichen oder zeitlichen Grenzen oder Schranken. Weder dicke Mauern noch Tausende von Kilometern haben einen Einfluss auf die mediale Wahrnehmung. Über die psychischen Sinne kann man auch an längst vergangenen oder noch nicht eingetretenen Ereignissen »teilnehmen«, da man sich auf der spirituellen Ebene außerhalb von Raum und Zeit befindet. Auch die geistigen Helfer und Führer unterliegen nicht den uns vertrauten Gesetzen von Raum und Zeit – sie unterliegen dem Gesetz der kosmischen Liebe und wirken, wo und wie es erforderlich ist.

Pendeln Sie zwischen Himmel und Erde:
fühlen Sie sich in beiden Welten zu Hause.

Ein großer Teil der Illusion unserer Existenz hat sich im Geist der Erde »verdichtet« – der menschliche Geist hingegen schließt die Ganzheit, die harmonische Wirklichkeit oftmals von sich aus. Wir sind, was wir scheinen, und doch sind das Licht und die Liebe die Substanz und der Stoff unseres Gedankenlebens. Indem sich unsere Gedanken mehr und mehr auf die Schwingung des schöpferischen Geistes und seine Abgesandten einstimmen, wandelt sich die Substanz unseres Leibes – sie wird weniger dicht und strahlt mehr Licht und Liebe aus. Über Theorien und Beweisbarkeit hinaus sind ebendiese spirituellen Erfahrungen jener Weg, der uns schließlich zum Ziel führen wird.

Indem wir lernen, die Hindernisse auf unserem Weg mit Hilfe der spirituellen Vermittler zu erkennen und aufzulösen, und einen direkten Zugang zu den unbewussten Ebenen schaffen, wachsen und verändern wir uns. Den Schlüssel dazu müssen wir aber selbst finden, und wir sind es, die die verschütteten Erinnerungen wachrufen müssen, die in unserem Unterbewusstsein auf Erkenntnis in der Gegenwart warten – Erinnerungen an einen ursprünglichen Zustand der Ganzheitlichkeit und Einheit. Mit diesen wichtigen Erkenntnissen erst beginnt die Reise zur Weisheit.

Die Überwindung von Hindernissen – eine Übung

Ziehen Sie sich an einen ruhigen Ort zurück – vergewissern Sie sich, dass Sie ganz ungestört Körper, Seele und Geist entspannen können. Immer leichter gelingt es Ihnen, wieder in Ihre Innenwelt hinein zu lauschen, hinein zu hören – alle Geräusche von der äußeren Welt interessieren Sie immer weniger –, alle Sorgen Ihres Alltags können Sie für einen Moment ablegen. Immer größer wird der innere Raum der Ruhe – genießen Sie die Wahrnehmung, wie der Friede sich in Ihnen und um Sie herum bewusst auszubreiten beginnt.

Ihre Vorstellungswelt und damit Ihre fünf medialen Sinne erwachen. Wie an einem neuen Tag, wenn die Sonne erwacht, erleben Sie sich bereits in Ihrer Fantasie auf einem Waldweg spazierend. Tief atmen Sie die frische Waldesluft ein und aus und Sie verbinden sich dadurch bewusst symbolisch mit der göttlichen Urkraft. Sie wissen sich eins mit der Großen Schöpfung, fühlen sich geschützt, geführt und geborgen in dieser Kraft. Genießen Sie jetzt auch das Erwachen Ihrer Fähigkeit, den Duft des Waldes – der Hölzer, des Harzes – innerlich, in Ihrer Vorstellungswelt und Fantasie zu riechen. Fühlen Sie den weichen Waldboden unter Ihren Füßen, hören Sie das Rascheln der Blätter auf dem Weg sowie das Vogelgezwitscher in den Sträuchern. Immer weiter und weiter spazieren Sie und tanken sich auf in dieser Waldesruh, bis Sie auch Ihren Geistigen Wegbegleiter plötzlich wieder wahrnehmen. Begrüßen Sie telepathisch Ihren Schutzengel aus ganzem Herzen – wie immer er sich heute bemerkbar macht: Glauben und vertrauen Sie auf diese gute Kraft, die Sie auch heute bedingungslos liebt und sich freut, Sie zu begleiten und Ihnen mit Rat und Tat beizustehen.

Immer weiter und weiter wandern Sie gemeinsam durch den Wald – bis plötzlich vor Ihnen zu Ihrer Überraschung ein Hindernis den Weg versperrt.

Was fällt Ihnen auf? Was entdecken, was sehen Sie? Halten Sie inne – bleiben Sie ruhig stehen. Betrachten und beobachten Sie das Hindernis auf Ihrem Weg, das Sie zum Innehalten einlädt.

Was soll das bedeuten? Achten Sie auf Ihre innere Stimme: Im Kontakt mit Ihrem geistigen Wegbegleiter wird Ihnen plötzlich etwas ganz Wichtiges »von Ihnen – über Sie« bewusst.

Merken Sie sich alles, was Ihnen jetzt gerade bewusst gemacht wurde. Merken Sie sich alle Impulse, ausgelöst durch das Hindernis selber sowie alle Inspirationen Ihres Helfers. Auf dem Rückweg ins Hier und Jetzt wird Ihnen während der Reflexion, beispielsweise auch über die Art und Weise, wie Sie das Hindernis überqueren konnten oder nicht – ein bestimmtes Verhaltensmuster bewusst. Erkennen Sie ein ähnliches Verhalten im praktischen Alltag? Könnten Sie dieses im praktischen Alltag ändern oder bestärkt Sie dieses, Hindernisse weiterhin auf diese Art und Weise zu überwinden? Was haben Sie entdeckt?

Bedanken Sie sich nun bei der geistigen Welt und verabschieden Sie sich von ihr – und erwachen Sie gestärkt mit neuen Ideen zurück ins Hier und Jetzt. Welchen Schritt gilt es wo in Ihrem praktischen Leben als Nächstes zu erkennen, zu verändern?

Intuitiv schlagen Sie Brücken in Ihre Gegenwart – intuitiv wissen Sie die tiefere Bedeutung Ihres heutigen Hindernisses. Zeichen aus esoterischen Welten wollen symbolisch in Bezug zur exoterischen Welt gesetzt werden: Die symbolische Kommunikation entwickelt sich mit zunehmender Erfahrung, mit der Sie sich in der geistigen Welt bewegen – die Zeichen auf Ihrem Weg gewinnen an Bedeutung.

Entfalten Sie Ihren Charakter
und Ihre Persönlichkeit und
schaffen Sie sich dadurch
Ihr eigenes Paradies auf Erden!

Mut zum Wachsen und sich Entwickeln durch alle Bewusstseinsschichten hindurch birgt keine Gefahr für diejenigen, die merken, dass unsere Gedanken Berge versetzen können und sich deshalb der magischen Kraft des positiven und negativen Denkens bewusst werden. Auch für alle, die bereit sind, einen Bewusstseinswandel zuzulassen und das Königreich des Himmels *in sich selbst* zu suchen und zu entdecken – Schritt für Schritt –, ist die Entwicklung der medialen Anlagen keine Gefahr. Dazu gehört die Bereitschaft, immer wieder umzukehren und durch »Gebet und Meditation« oder durch Hell- oder medial fühlen, -riechen, -sehen, -hören, -wissen die Stille oder das Zwiegespräch mit Gott, höchstem Bewusstsein, oder dem Großen Geist kennen zu lernen und regelmäßig zu pflegen.

Übernehmen wir die Verantwortung und beherzigen die Worte

Rüdiger Dahlkes, der sagte: »Der voreilige ›Universitätsstoff‹ des Lebens ist Ausdruck der Sehnsucht des Menschen nach dem (paradiesischen) Zustand der Vollkommenheit, der Einheit. Es ist sehr menschlich, auf dem harten Entwicklungsweg zu diesem zumeist weit entfernten Ziel nach bequemen Abkürzungen zu suchen ...«

Persönliche Entfaltung durch die Kraft der Intuition

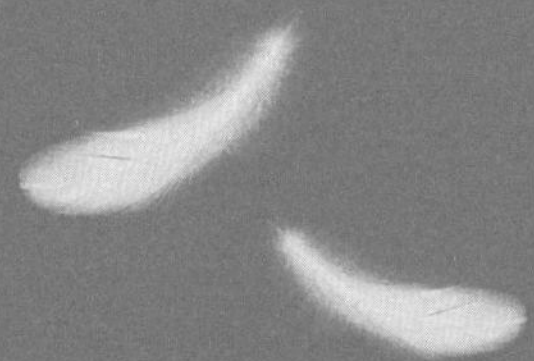

Wenn wir unsere spirituelle Seite entdecken, werden wir neue Wege beschreiten können: Der Fluss des Lebens bahnt sich ein anderes Bett – aus dem Chaos in eine neue Epoche. Quer durch alle Berufs- und Gesellschaftsschichten wird der Gebrauch der magischen Kraft der Intuition dem Leben eines jeden Menschen eine ungeahnte Dimension hinzufügen, eine Fülle von Einsichtsmöglichkeiten und Verständnis, was nicht nur dem Einzelnen, sondern auch seiner Umgebung zugute kommen wird. Neue Formen des Miteinanders sind heute schon in vielen Bereichen zu beobachten. Im Wassermannzeitalter wird ein mit medialen Fähigkeiten vernetztes Denken in alle Gesellschaftsstrukturen hinein wirken. Unsere Welt kann nur verstanden werden, wenn wir uns selbst verstehen.

Unsere Aufgabe als Mensch ist es, bereit zu sein – oder es zu werden –, die *göttliche Führung* annehmen zu können und uns bewusst mit dieser Führung auseinander zu setzen. Hier beginnt unsere spirituelle Tätigkeit, in der Erforschung des Zufalls und der Fügung. Zu Beginn der medialen Entwicklung ist es nicht wichtig, ob Gott, ein »geistiger Helfer«, ein »Schutzengel«, das »höhere Selbst«, ein geistiges Wesen aus der Ahnengalerie oder andere feinstoffliche Bewusstseins- oder Energieteile uns auf unserem Weg zurück zum höchsten Bewusstsein führen und begleiten. Entscheidend und wichtig ist nur, dass es ein »Abgesandter Gottes« ist.

Auf unserem Entwicklungsweg hilft, führt und schützt uns immer eine Kraft aus einer höher entwickelten Bewusstseinsebene – wir sind nie allein.

Wir dürfen immer darum bitten, dass unsere Schutzengel uns beistehen. Sie sind da, um einen Mangel auszugleichen, einen Widerstand oder eine Blockade aufzulösen. Vielleicht fragen Sie sich jetzt, ob alle Menschen einen geistigen Helfer haben. Natürlich ist es so, die Wahrnehmung aber hängt von Ihrem Glauben ab. Unsere geistige Führung kann uns wie kleine, trotzige Kinder behandeln, wenn wir nicht bereit werden, aktiv herauszufinden, warum es uns nicht glücken will, unser vermeintlich ersehntes Ziel zu erreichen. Versteht das Kleinkind immer, wenn es von der Mutter von der Straße weggeholt wird, obwohl es dort doch viel mehr Platz zum Spielen hätte?

Konzentration, Meditation, Kontemplation, Gebet und Stille sind die besten Methoden, um die Kommunikation zur *eigenen* Überseele, zur eigenen geistigen Welt herzustellen. Unsere geistigen Helfer und Führer lehren uns, die Verbindungen im Dreieck »Körper–Seele–Geist« in Bezug zu verschiedenen Bewusstseinsebenen bewusst zu erleben und zu verstehen.

Über unsere mediale Wahrnehmung können diese drei Teile untereinander kommunizieren und sich gegenseitig zur Bewusstwerdung anregen, damit seelisch-geistige Entfaltung in der Materie – die praktische Lebensschule – möglich wird. In der spirituell-mystischen Erfahrung erleben wir – als Menschen – unsere seelisch-geistige Kraft als eine sich in der Polarität bewegende Energie. Diese will nichts anderes, als unser Bewusstsein, unsere Gefühle und den Glauben immer mehr zu verfeinern, bis unsere medialen Wahrnehmungen im Einklang mit unseren sinnlichen Erfahrungen stehen.

Zur gleichen Zeit sollten wir an uns arbeiten. Zum einen müssen wir wachsam werden. Die Berührung mit der geistigen Welt hat für uns oft etwas sehr Flüchtiges. Wir werden Bruchteile von Sekunden erfassen lernen, in denen wir »das Andere« eher erahnen, uns dies in unsere Wahrnehmung, in unsere schwerfällige Zeit, auf unsere Sinne übertragen.

Um die Sprache der geistigen Welt sprechen zu lernen, müssen wir aus unserem Unbewussten schöpfen, seine Symbole und Prägungen als Metaphern und Gleichnisse, Visionen und Intuitionen wieder entdecken. In der Auseinandersetzung mit unserer Psyche benötigen wir innere Stärke und Beharrlichkeit, den Willen, uns mit unseren »blinden Flecken« auseinander zu setzen.

Es ist manchmal schwierig, der Wahrheit direkt ins Auge zu blicken. Der Austausch mit der spirituellen Welt kann aus diesem Grund durchaus auch unangenehm sein. Auch Geistige Helfer und Führer können streng und beeindruckend wirken, wie Lehrer auf der Erde. Sie wollen im Herzen jedoch stets das Beste für uns Menschen und beleuchten aus diesem Grunde all die dunklen Ecken unserer Seele, so dass wir diese mit dem ewigen Licht und Wissen bearbeiten können, damit das Geheimnis und das Verborgene – verdrängte oder noch im Schatten wirkende Gefühle – immer mehr ans Licht kommen. Vergessen wir trotz allem nie, dass auch geistige Helfer und Führer *auf dem Weg* zur Einheit und demzufolge nicht vollkommen sind. Nicht selten erhält man nämlich widersprüchliche Informationen aus der spirituellen Welt und fragt sich unweigerlich, was man nun glauben soll. Alle Antworten sind letztlich richtig, weil sie den Suchenden dazu anregen, in sich selbst die Antwort zu finden und mutig zu »seiner Wahrheit« zu stehen.

In der Kommunikation mit der geistigen Welt arbeite ich mit folgender Grundhaltung: »Höchste Intelligenz oder Bewusstseinsebene, schicke mir bitte einen Schutzengel, der mir hilft, über meine mediale Wahrnehmung eine Antwort auf meine Frage zu finden. *Dein Wille geschehe* – wenn es richtig ist, dass ich Kenntnis erlange, ist es gut, und sonst nehme ich es an, so wie es ist – alles hat seinen Sinn. Denn ich bin mir bewusst, dass ich nur ein Werkzeug bin, und als solches will ich nur meinen Dienst (Wahrnehmen, tun oder lassen) so gut wie möglich – in eigener Verantwortung – verrichten.«

Intuition – ein Geschenk, das verpflichtet

Je mehr Erfahrungen wir mit unserer eigenen Spiritualität sammeln, desto deutlicher wird uns, wie vernetzt unser alltägliches Bewusstsein mit außersinnlichen, medialen Impulsen in Bezug zu spirituellen, psychischen und irdisch-sozialen Ebenen ist. Je größer die Peripherie eines Kreises sei, umso mehr Berührungspunkte mit dem Unbekannten bekämen wir, meinte Pascal. Je mehr wir wissen, umso größer wird unsere Verantwortung. Denken Sie als Eltern daran, dass die Kommunikation zwischen Ihnen und Ihrem Kind bereits vor der Zeugung beginnt – sei es unbewusst, im Traum oder über mediale Wahrnehmung. Während der Schwangerschaft bis zur Geburt sollte die nonverbale Kommunikation (Telepathie) immer »bewusster« werden. Wichtig ist zu wissen, dass sie auch vom heranwachsenden Kleinkind immer wahrgenommen wird und seinen Erfordernissen entsprechen sollte.

Denken Sie auch daran, dass in Ihren Berufsalltag mediale Wahrnehmungen einfließen. Hausfrauen wie Ärzte treffen ihre Entscheidungen häufig von innen heraus; der Wissenschaftler, Pfarrer oder Künstler lässt sich »inspirieren«; der Bauer, Koch, Lehrer und auch der Automechaniker legen ihre Gedanken- und Gefühlswelt in ihre jeweilige »Materie«, und selbstverständlich setzt auch der Astrologe, Geistheiler oder esoterisch geschulte Spezialist stets seine medialen Fähigkeiten – oder seine Intuition – ein.

Mit der medialen Entwicklung wächst unsere Bewusstheit, und je bewusster ein Mensch ist, desto mehr Verantwortung hat er zu tragen – sich selbst und anderen gegenüber. Dies gilt auch für das Berufsmedium, das ständig mit den Wahrheiten der geistigen Welt in Kontakt steht. Vergessen wir nie: »Es gibt so viele Interpretationsmöglichkeiten der Wahrheit wie Menschen und Medien.« Wir alle sind auf dem Weg – der Weg ist das Ziel.

Sinnvoll wird die Bemühung um Geistiges nur dann, wenn sie im Alltag, in der Materie verantwortungsvoll und mit der Zeit eigenständig umgesetzt und verwirklicht wird. Beispielsweise unterstützt Sie Ihr innerer Lehrer im Bewusstwerdungsprozess, einen alten Glaubenssatz zu entdecken und aufzulösen oder der innere Ratgeber ermuntert

Sie zur Veränderung eines überholten Verhaltensmusters und unterstützt Sie während dieses Prozesses oder Ihr eigener innerer Heiler aktiviert Ihre Selbstheilungskräfte, heilt und befreit Sie von Ihrem Leiden. Der innere Beobachter macht Sie auf Begrenzungen sowie auf den Raum aufmerksam, der es Ihnen ermöglicht, Ihre Wirklichkeit zu gestalten.

Je bewusster wir als Medium sind, umso treffsicherer und klarer kann demzufolge das Werkzeug, unsere Wahrnehmung, und dadurch unsere Intuition eingesetzt werden. In unserer Zeit sollte die Medialität und damit die Verbindung zum Göttlichen jedoch nicht nur in der Abgeschiedenheit lebenden Heiligen, Nonnen oder Mönchen vorbehalten sein, sondern allen Menschen zum Nutzen gereichen – besonders jenen, die im hektischen Leben der Städte im Stress ihres jeweiligen Berufes stehen.

Wie verbinden wir Menschen uns mit dieser göttlichen Macht? Was macht unsere Religion aus? Wo ist Gott, die höchste Bewusstseinsebene, zu suchen, wenn nicht in unserem eigenen Herzen, in unserem göttlichen Funken ... Indem wir anerkennen, dass wir alle Teil des Göttlichen, dass wir Mit-Schöpfer sind, tragen wir eine große Verantwortung – auch uns selbst gegenüber; ihr können wir gerecht werden, indem wir uns die geistige Sprache, die naturgegebene Gedanken- und Gefühlssprache aneignen und *bewusst* erleben.

Bleiben wir uns unserer Verantwortung uns selbst gegenüber also immer bewusst und übergeben wir sie nie einem anderen. Weder unser Schutzengel, die Urgroßmutter in der geistigen Welt, noch das Medium oder der Wahrsager sollten uns unsere eigenen Erfahrungen abnehmen. *Ihre* Gedankenanstöße sollten den Ratsuchenden in seiner *eigenen Einschätzung der Lage* bestärken und ihn auf sein Über- oder Unterbewusstsein aufmerksam machen, damit er *seinen eigenen* Weg besser beschreiten kann. Dabei ist zu bedenken, dass wir auf der Erde kraft unseres freien Willens uns unsere Zukunft in jedem Augenblick selbst erschaffen, auch wenn jede Seele einem bestimmten Plan unterliegt.

Werden Sie sich Ihrer spirituellen,
intuitiven Fähigkeiten bewusst und setzen Sie sie ein.
Hören Sie auf Ihre innere Stimme!

Beginnen wir im Kleinen, bei uns selbst. Legen wir wieder Wert auf den verantwortungsvollen Umgang mit unserer inneren Stimme, werden wir uns der geistigen »Umweltverschmutzung« eines negativ behafteten Denkens bewusst, und bemühen wir uns wieder, in voller Verantwortung, unsere Intuitionen im Handeln kritisch zu überprüfen und zu verwirklichen. Nutzen wir den Spiegel unseres Alltags – Symbole werden zu Zeichen auf unserem Weg.

Viel Freude in der Lebensschule

Wie bereits am Anfang dieses Büchleins gesagt, ist nur inspirierte Arbeit unvergänglich, und das Wichtigste im Leben ist es, mit dem Herzen zu schauen. Lernen wir, den göttlichen Funken in unser Leben einzulassen und eine Brücke von der grobstofflichen in die feinstoffliche Welt zu schlagen. Lassen wir inspirierte Informationen aus unsichtbaren spirituellen und psychischen Welten in die sichtbare einfließen, indem wir uns diesen Welten öffnen und »feinfühlig« werden.

Jeder Mensch auf dieser Erde hat eine Aufgabe zu erfüllen. Dank der Schule des Lebens erwerben wir verschiedenste Kenntnisse und wenden diese an, auch um anderen weiterzuhelfen. So wird jeder von uns immer mehr auch die Gaben des Geistes nutzen und damit als Licht für diejenigen strahlen, die noch in der Finsternis wandeln. Alles hängt von unserem freien Willen ab. Wenn wir im Geiste bereit sind, werden sich die Türen ganz von selbst öffnen, damit wir unsere Aufgabe erfüllen können. Niemand kann uns versprechen, dass das Leben frei sein wird von Schwierigkeiten, Verwirrungen oder Schmerz. Was aber gewiss sein kann, ist, dass wir – wenn die Zeit dazu reif ist – *in uns selbst* die Mittel finden werden, alle Hindernisse und Schranken zu überwinden, uns selbst immer wieder zu erlösen.

Sind Sie bereit, das Höchste, Tiefste oder Größte in sich zu entwickeln – sind Sie bereit dazu, an Ihrer Persönlichkeit zu arbeiten? Wollen Sie zu Ihrer Unterstützung göttliche Energien oder Wesen um Hilfe bitten, die Sie lieben und Ihnen in Ihrer Entwicklung helfen möchten?

Es ist nicht einfach, geistige Reife zu erlangen – das zeigt uns die Geschichte. Wahrheit und Lüge kämpfen so lange miteinander, bis geistige Vollkommenheit erreicht wird. Entwickeln Sie Ihre eigenen spirituellen Fähigkeiten – werden Sie selbstständig und unabhängig, und entdecken Sie Ihre persönliche Wahrheit, wirken und bewirken Sie aus dieser Kraft.

Der griechische Philosoph Platon erkannte in den schöpferischen Gedanken den Ursprung aller Erfindungen – all dessen, was lebt. Reine Inspiration ist nicht mehr durch Ego oder sonstige Wertvorstellung gefärbt oder geprägt, sondern wird direkt von dem Großen Geist, dem höheren Bewusstsein, dem göttlichen Plan gespeist. Die Begründer der Weltreligionen, viele Erfinder und Künstler besaßen in hohem Maße die Gabe der außer- oder innersinnlichen Wahrnehmung oder der Medialität.

Das Leben will all jenen, die Paranormales erleben oder die sich für unsichtbare Zusammenhänge interessieren, die *Augen des Herzens* öffnen, damit auch diese zu sehen beginnen. Die mediale Entwicklung lehrt uns, »hinter die Kulissen« zu schauen – den heiligen Gral in uns selbst zu finden. Jeder sollte seine höchstpersönliche Rolle auf der Bühne des großen Welttheaters spielen – und zwar so gut wie möglich! Ob Sie – als Regisseur oder als Schauspieler – auch Ihre medialen Fähigkeiten einbeziehen wollen, müssen Sie selbst erspüren und auch verantworten können! Wenn Sie sich Zeit dazu nehmen, werden Sie auch diese Antwort in sich finden. Wenn Sie je einmal – wie ich selbst – während Ihrer persönlichen Bewusstseinsentwicklung unheimliche Erfahrungen machen müssen, so bewahren Sie Ihr Gottvertrauen! Lassen Sie eine solche Prüfung zu, die Ihre seelisch-geistige Belastbarkeit, die innere Stärke, testen will. Lassen Sie sich auf sich selber ein – entdecken Sie dadurch einen neuen Zugang zu Ihrer Persönlichkeit.

*Leben ist fortwährendes Wachsen und Entfalten,
ist Ausdehnung des Bewusstseins.*

Das Göttliche in uns will sich erlösen, und alles, was geschieht, trägt auf seine Art dazu bei. Dieses Vertrauen können wir im Laufe unseres Lebens und unserer Entwicklung erwerben. Über die Erfahrung höherer Dimensionen führt uns die Medialität hin zu wachsendem Gottvertrauen im irdischen Alltagsleben; das Göttliche in uns wird berührt, und es ist unzerstörbar, ewig.

Glossar

Außersinnliche Wahrnehmung: »Geistige« Wahrnehmung ohne die normalen fünf physischen Sinne. Zur ASW gehören Telepathie / Hellsehen, Hellhören, -fühlen, -riechen und -wissen.

Bewusstheit: Der Zustand des einfachen, subjektiven Gewahrseins von Lebensfunktionen im Hier und Jetzt und damit Auslöser von Verhaltensmustern, die auf Gewohnheit beruhen.

Bewusstsein: Die Beziehung zwischen Materie und Geist: zwischen »Selbst-Höherem Selbst- Ur-Selbst«.

Déjà-vu: (*franz.* schon gesehen): Das Gefühl, einen zuvor noch nicht besuchten Ort oder nicht erlebte Situation schon einmal gesehen bzw. durchlebt zu haben; gilt oft als Beweis für die Reinkarnation.

Feinstofflicher Körper: Einer bestimmten Bewusstseinsebene gleichzusetzender Körper (z. B. Psyche), der von geringerer Materie als der physische Körper ist.

Gedanken- und Gefühlssprache: (individuelle) in Verbindung mit der Sprache des Kosmos sowie des irdischen Alltags. Die nonverbale Symbolische Kommunikation, Telepathie oder der sinnliche Draht zur geistigen Welt.

Geist: (*lat.* spiritus, *griech.* Pneuma, *engl.* spirit): 1. Bewusstsein, Wahrnehmungs- und Denkvermögen des Menschen = die untere Mentalebene, ein niederer Aspekt des Selbst; 2. »göttlicher Funke« oder Wesenskern = die obere Mentalebene, die den Menschen nach mystischer Überzeugung mit dem Göttlichen, dem Höheren Willen, vereint. Er ist das eigentliche und wichtigste Lebensprinzip; 3. der kosmische Geist = die kausale, spirituelle Ebene, der »Weltgeist« bzw. die »Weltseele«. Das kosmische Bewusstsein kann mit dem kollektiven gleichgesetzt werden; 4. der universale Geist = der Geist des Höchsten Wesens oder Gott, der das Universum durchdringt und aller Schöpfung Sinn und Ordnung gibt.

Geister: Feinstoffliche Wesen oder Bewusstseinsimpulse, häufig verstorbene Anverwandte, die nach Überzeugung vieler Menschen auf die Welt der Inkarnierten Einfluss nehmen können.

Halluzination: Lebhaftes Trugbild oder Wahrnehmungszustand, der von der vertrauten, normalen Alltagsrealität abweicht; Halluzinationen können durch psychedelische Drogen ausgelöst werden.

Inkarnation: Wörtlich »Fleischwerdung« oder Verkörperung, im weiteren Sinne die gegenwärtige Lebenszeit eines Menschen.

Inspiration: In der weltlichen Magie das Offensein für Eingebungen des persönlichen guten Geistes, höheren Selbst oder Genius.

Intuition: Eine subjektive Geistesgabe, die sich häufig in Eingebungen und Wahrnehmungen äußert, die ihren Ursprung nicht im verstandesmäßigen Denken haben. Passiv-aktives Gewahr-Sein.

Kosmos: Ein altgriechisches Wort für »Ordnung«, mit dem Pythagoras das Weltall beschrieben hat.

Lichtwesen: Vollkommenes Bewusstsein – Höheres Selbst.

Medialität: Die psychischen und die spirituellen Fähigkeiten der außer- oder innersinnlichen, medialen Wahrnehmung eines Menschen. Trilogische Medialität: Je nach persönlichem Bewusstseinsstand werden die verschiedenen feinstofflichen Welten wahrgenommen, erlebt und interpretiert und in Bezug zum Alltag gebracht, nach dem Motto: Es gibt so viele Interpretationsmöglichkeiten der Wahrheit wie Menschen und Medien.

Meditation: Sinnende Betrachtung, Versenkung. Meditation ist eine Technik der Gedanken- und Geisteskontrolle, die oft ein Gefühl der tiefen inneren Ruhe und des Friedens vermittelt sowie zur Erfahrung der Selbstverwirklichung und transzendentalen Bewusstheit führen kann. Grundsätzlich werden zwei Arten der Meditation unterschieden: die Fähigkeit zur Konzentration, mit deren Hilfe man die gesammelte Aufmerksamkeit auf ein meditatives Symbol (Mandala, Klang, eigener Atem etc.) richtet. Bei der zweiten Art ist weniger wichtig, einen höheren Bewusstseinszustand zu erreichen, sondern ein unbeteiligtes Gewahrsein zu entwickeln und unvoreingenommen den Fluss der Ereignisse, Gedanken und Gefühle zu beobachten.

Medium: Person, die als Vermittler zwischen der feinstofflichen (psychischen), geistigen und der materiellen Wirklichkeit dient.

Persönlichkeit: Die ausgeprägte Individualität eines Menschen.

Parapsychologie: Wissenschaft, die Psi-Phänomene wie Telepathie, Spuk – also alle paranormalen Fähigkeiten – erforscht.

Reinkarnation: Überleben eines Wesensteils nach dem Tode und die darauffolgende Wiederverkörperung in einem anderen physischen Körper.

Schwingung: Periodische Hin- und Herbewegung eines Körpers oder periodische Änderung eines Zustandes (elektrisches und magnetisches Feld).

Seele: Das Innere, besonders des Menschen, als Inbegriff der bewussten und unbewussten Vorgänge, vorgestellt als Lebenskraft oder Träger des Lebens. Aristoteles unterschied die vegetative (Wachstums-), die sensitive (wahrnehmende und erinnernde) Seele von der denkenden

Geistseele. Die wissenschaftliche Erforschung des Seelenlebens ist Aufgabe der Psychologie.

Spiritualität: Die geistige Suche nach dem Sinn und Ziel des Lebens; Spiritualität strebt die geistige Anerkennung des Seins an.

Telepathie: Gedankenübertragung als außer- oder innersinnliche Wahrnehmung, umgangssprachlich auch als Gedankenlesen bezeichnet. Psychologen sprechen von transpersonaler Kommunikation.

Unbewusstes/Unterbewusstsein: Der Bereich der Psyche, der nicht der bewussten Wahrnehmung unterliegt.

Vorsehung: Eine übernatürliche Macht, die dem Lauf der Dinge meist eine positive Wendung gibt und sich damit vom Schicksal unterscheidet, das sich sowohl günstig als auch ungünstig auswirken kann.

Anhang

TRILOGOS

PERSÖNLICHKEITS- UND BEWUSSTSEINSSCHULUNG

Information und Kontakt:

www.trilogos.ch

info@trilogos.ch

Wenn Sie sich weiter mit dem Thema beschäftigen möchten, finden Sie weiterführende und tiefergehende Ausführungen sowie zahlreiche Übungen, mit denen Sie kontinuierlich an Ihrer Intuition und Ihren spirituellen Fähigkeiten arbeiten können, in dem Lehrbuch der Autorin:

***Der sinnliche Draht zur geistigen Welt – wie Sie Ihre medialen Anlagen entfalten*, Heinrich Hugendubel Verlag, Kailash, 2004,** 456 Seiten

Chrissie Astell

Die schützende Kraft der Engel

Botschaften unserer täglichen Begleiter

96 Seiten, Gebunden mit Schutzumschlag
ISBN 3-7205-2689-5

Die Botschaften unserer täglichen Begleiter

Tag für Tag begleiten uns die Engel und unterstützen uns mit ihrer himmlischen Kraft. Sie spenden Trost in schweren Zeiten und stehen uns zur Seite, wenn wir Rat suchen. Chrissie Astell zeigt Ihnen mit ihrer Sammlung von über 70 Engelsbotschaften in Form von kleinen Geschichten, Gedichten, Gebeten oder geführten Meditationen, wie Sie die Engel in Ihre Mitte lassen und mit ihnen in Kontakt treten können.
Geschmückt mit wunderschönen Bildern begleitet Sie dieses liebevoll gestaltete Buch in eine Welt voller Zuversicht und Hoffnung. Lassen Sie sich von den erhebenden Engelweisheiten zu einem Leben in Liebe und Harmonie inspirieren.

KAILASH